믿음
(Believe)

리처드 디보스
공저
찰스폴콘

용안 미디어

믿음! 그 위대한 힘

리치디보스 . 찰스폴 콘 공저

초판 인쇄 / 1994년 10월 01일
초판 발행 / 1994년 10월 01일
개정 발행 / 2021년 01월 10일
발행처 / 용안 미디어
등록 / 제16-837호

(135-081)서울 강남구 역삼1동 696-25 영성빌딩 3층
전화 / 010-6363-1110
팩스 / (02)6442-7442

* 잘못된 책은 바꿔드립니다.
ISBN 89-86151-02-2 02320
정가: 8,000원

이 책은 저작권법에 의해 보호받는 저작물이므로 본사의 허락없이 무단 전재나 복제,전자출판 등을 금합니다.

믿음
(Believe)

리처드 디보스
공저
찰스폴콘

용안 미디어

❹ BELIEVE!

소개의 말씀

　리치 디보스는 현대 국가가 필요로 하는 애국자의 전형적인 예이다. 그는 미시건 주 출신의 사업가로 암웨이 사의 사장이었으며 아메리카니즘에 대한 열렬하고도 설득력 있는 주창자이기도 하다. 그러나 애국자로서의 그의 평판은 정당 정치 활동보다 훨씬 오래된 것으로, 그는 약 30년 동안을 시민단체와 기업, 중, 고등학교와 대학 등의 모임에서 미국을 찬양하는 연설을 수없이 많이 해왔다.
　그의 연설 주제는 한결같은 것으로 "미국은 살기에 훌륭한 나라이며, 비록 완벽한 지상천국은 아니지만 가장 훌륭한 곳이다. 주제 자체는 특이한 것이 아니지만 디보스에게는 자신의 뜻을 강력하게 전달하는 아주 특별한 힘이 있다. 그 대상이 기업의 중역들이든 보이 스카우트 학생들이든 상관없이 청중들이 무엇을 원하며 어떻게 생각하는 가를 직감적으로 알아내어 대응하는 능력을 가지고 있다. 때로는 부드럽게 달래기도 하고 때로는 호통을 치기도 하며 때로는 냉정하게 이성에 호소하고 설득해 나간다. 한마디로 그는 청중과 대화를 나누는 것이다. 그 결과 그린베이 가제트지가 묘사한 것처럼 모든 사람들이 기립 박수를 칠 정도로 설득력 있는 연설이 되는 것이다.

　미시건 주의 주의원이며 미 하원에서 그랜드 래피즈 지역을 대표하는 밴더 재그는 디보스 스타일을 열성적으로 따르는 사람이다. 그는 "미국을 세일즈 합시다". 라는 제목의 디보스의 수상 연설문을 국회 의사록에 끼워넣으면서 다음과 같이 덧붙였다.

　"리치디보스는 미국의 위대한 세일즈맨 가운데 한 사람이다. 사업가로서의 성공보다도 감동적인 것은 우리 나라를 위대한 나라로 만들겠다는 대원칙과 미국을 세일즈 하기 위해 열성적인 노력을 다하는 그의 헌신적인 모습이다. 그렇다고 디보스가 장밋빛 색안경을 끼고 미국의 부족함이나 어려움을 보려고 하지 않는 것은 아니다. 오히려 미국을 지구상에서 가장 살기 좋은 곳으로 변모시킬 수 있는 규범과 자질을 강조해 왔다"

　밴더 재그가 말한 사업 성공은 바로 암웨이 사의 성공을 말하는데 이 회사는 미시건주 에이다를 근거로 해서 생활용품과 건강기능식품 등을 생산 판매하고 있다.

　고등학교 동창이자 동업자인 리치디보스와 제이 밴 앤델은 1959년 지하실 단칸방에서 암웨이사를 설립하여 오늘날에는 매년 100억 달러에 가까운 매출액과 360만에 이르는 디스트리뷰터 네트워크를 가진 세계적인 기업으로 성장 시켰다. 이들 두 사람은 최고 경영자로 암웨이 사를 운영하면서 암웨이를 기점으로 정치 사회적인 문제에 대해 자신들의 생각을 실천에 옮겼다. 이들에게 암웨이사는 그들의 정치 사회적인 신념을 펼쳐나가는 토대가 되었던 것이다.

암웨이 사를 초기의 보잘것 없는 작은 회사에서 시작하여 현재의 규모로 성장시킨 성공 사례는 업계에서 하나의 전설이 되었을 뿐만 아니라 이 두 사람은 일반 대중에게도 유명인이 되었다. 암웨이 사는 방송국과 일부 지역 라디오 방송국을 운영하고 있을 뿐만 아니라 국내와 카리브 해 주변의 많은 호텔도 운영하게 되었다.

디보스와 밴 앤델은 리더스 다이제스트로부터 급진적인 성향의 마더존스지에 이르기까지 많은 간행물의 주요 기사의 주인공으로 등장하였으며 각각 "암웨이사의 놀라운 네덜란드 쌍둥이" "신 우파의 대부들"이라는 제목으로 소개되기도 했다. 이 두 사람은 미국 사회가 비교적 단기간에 무명에서 일약 파워 앨리트로서 성공할 수 있는 기회를 여전히 보장해 주고 있다는 가장 좋은 본보기가 되고 있는 것이다.

1926년 세일즈맨의 아들로 태어난 디보스는 그랜드 래피즈 지역의 네덜란드계 미국인 거주지역에서 자랐다. 그는 대공황기 시절에 가족들 모두가 힘들게 일하지 않으면 안되는 전형적인 노동계층의 자녀에 불과했다.

"신문을 팔기도 하고 주유소에서도 일했습니다. 대단한 일은 아니었습니다. 모든 사람들이 그렇게 일해야만 했지요. 비록 가난하기는 했지만 분명한 것은 비참하다고 생각지는 않았습니다. 그 시절 다른 사람도 똑같이 가난했으니까요."

라고 디보스는 당시를 회상하며 이야기한다.

그의 아버지는 외아들인 디보스에게 인생 전반에 대한 끝없는 낙관주의를 불어넣어 주었으며 특히 사업 세계에 있어서는 낙관주의가 절실히 필요하다는 점을 강조했다.

디보스는 회상한다. "아버지는 항상 긍정적이고 낙관적이었죠. 항상 독자적인 사업을 해보길 원하셔서 언제나 내게 자신의 사업을 해볼 것을 권유하셨습니다. 그래서 내가 군복무를 마친 뒤 우리는 직장을 구하는 문제에 대해서 얘기를 나눠본 적이 없었습니다. 나 역시도 직업을 구한다거나 누구를 위해 일한다는 생각은 해본 적이 없었습니다. 운이 좋게도 나는 고등학교 때 정말로 좋은 친구이자 동업자를 만나게 되었고 우리 둘은 함께 무슨 사업을 해야할 것인가를 결정하는 것만 남겨 놓았을 뿐이었습니다. 그래서 우리는 무언가 큰 일을 할 수 있다는 긍정적인 믿음을 가지고 우리의 갈길을 모색했습니다. 그때 아버지께서는 우리들에게 당신이 한 일보다 더 큰일, 더 위대한 일을 해내야만 한다고 강조 하셨습니다."

디보스는 고등학교를 졸업하자 공군에 입대했다. 전역 후 밴 앤델과 동업을 시작하여 1959년 암웨이 사를 설립하게 되었고 밴 앤델이 세상을 다하는 날까지 관계를 지켜왔다.

디보스의 생활이 그때부터 많은 변화를 겪게 되었지만 그의 애국심은 항상 새롭게 느껴진다. 그의 사업이 작고 보잘 것 없을지라도 디보스는 시간이 날 때마다 항상 미국인으로 태어났다는 행운에 대해 연설을 했다. 그 시절에도 그는 지금과 마찬가지로 자유기업체제의 존속이 그의 사업의 존속과 서로 분리해서 생각할 수 없는 것으로 여겼다. 수십억 달러 규모의 다른 회사 사장과 마찬가지로 디보스에게도 시간은 소중한 자원이었만 그는 미국적 방식의 우수함을 설파하는 데 많은 시간을 할애했다.

그는 한 모임에서 다음과 같이 말했다.

"마음 속으로는 언제나 작은 회사에 있는 나를 그려 봅니다. 작은 회사를 운영하는 사람은 사업주이자 설립자로서 뭔가 특이한 사업을 보다 우수하게, 싸게, 또는 신속하게 경영해 보고자 하는 사람입니다. 우리나라도 작은 회사를 운영하는 그러한 많은 사람들이 세운 것이라는 점을 고려할 때, 내가 가장 관심을 쏟는 것은 나를 포함해서 수많은 사람들이 사업을 시작하는 것이 가능한 그러한 사회 분위기를 유지해 나가자는 것입니다. 이러한 자유기업체제와 이러한 체제 안에서 살아 가고 있음에 긍지를 느낍니다. 이러한 체제를 수호하기 위해서, 언제 어디서든지 말할 수 있는 준비가 되어 있습니다."

디보스가 말하는 강연이란 연단에서의 연설만을 의미하지는 않는다. 1975년 '믿음'이라는 간단한 제목의 책에서 그의 견해를 밝힌 적이 있다. 이 책은 수십만 부가 팔리면서 많은 일간 신문이나 저널 등의 잡지에서 탑10 베스트셀러에 오르기도 하였다. 한 평론가는 이 책을 '고전'이라고 평하기도 하였고 출간된지 20년 동안 문고판으로 꾸준히 팔리는 책으로 기록 되기도 하였다.

　1981년 디보스는 그의 책 '믿음'을 각색한 동일한 제목으로 장편 영화의 주인공이 되기도 했다. 가스펠 영화사가 제작한 이 다큐멘터리 영화에서 디보스는 국가와 개개인의 원칙을 대변하는 인물로 묘사 되었다. 그는 책을 쓸 때와 마찬가지로 영화속의 역할에 대한 저작권료를 받으려 하지 않았다.

　"이 영화는 나의 삶을 그린 것이 아니다. 오히려 내가 믿고 따랐던 몇 가지 사실을 영화화한 것이라고 해야 할 것이다. 이러한 점에서 사람들이 뭔가 가치를 발견하기를 바랄 뿐이다." 라고 말했다. 가스펠 영화사에 따르면 이 영화는 미국 전역의 중 고등학교에서 꾸준히 상영되었으며 주로 학교나 공공장소에서 꾸준히 상영 되었다고 한다.

　그를 잘 알고 있는 사람들의 말에 따르면 그의 애국심은 단순한 말 이상의 것으로 그의 내면에 확고히 뿌리를 내리고 있어서 공적인 연설 뿐만 아니라 사적 대화에서도 애국심에 관한 말들이 자주 등장한다고 한다. 한 친구는 몇 년전 덴마크에서 디보스와 소수의 친구들과 보낸 저녁을 생생히 기억하고 있다. 그때 디보스는 그가 사랑하는 미국에 대해서 자청해 연설을 했다고 하는데 그날 모인 사람들이 여덟 사람이 아니라 마치 8,000명을 상대로 하듯이 열띤 웅변을 했다는 것이다. 그날 밤의 모임은 모든 사람들이 진심에서 우러나온 국가를 함께 부르며 끝을 맺었다고 한다. 과연 디보스 만이 할 수 있는 일이었다. 7월4일은 그에게 단순히 축포를 터뜨리는 날 이상의 의미를 지니고 있다. 1970년에 입사했던 일을 기억하면서 이렇게 말했다.

"직장에 들어 왔던 첫해에 디보스와 함께 비행기를 타려고 기다리고 있을 때, 디보스 씨가 이런 말을 했던 게 기억납니다. '노엘 씨, 사업을 할 때 사업 자체보다 더 큰 임무를 갖지 못한다면 결코 성공은 어려울 것입니다. 당신도 일단 제품을 만들어 놓기만 하면 저절로 그 상품이 당신에게 보답해 줄 것이라고는 생각지 않겠지요. 반드시 하나의 대의 명분이 필요합니다. 우리 사업의 대의는 자유기업 정신과 개인의 자유을 지키는 것입니다. 서로 분리할 수 없는 관계죠. 요는 자유기업이란 개인의 자유없이는 존재할 수 없는 것입니다. 바로 이것이 우리들이 열심히 추구해야 할 목표입니다.'"

-찰스 폴 콘-

서 문

    이 책은 자서전이 아니라 내가 믿고 있는 몇 가지 신념을 기술한 것에 지나지 않는다. 만약 내가 믿고 있는 몇 가지 일 가운데 내가 살아온 이야기를 한다면 내가 말해야만 하는 것은 나의 나약함과 단점뿐일 것이다. 그럼에도 불구하고 나를 잘 알고 있으면서도 나를 이해하고 사랑해주는 내 친구들에게 고마움을 느낀다. 지금의 나와 내가 가진 모든 것, 그리고 나와 같은 사람을 선택해서 이 모든 것을 이룰 수 있도록 해주신 모든 분께 감사드린다.

-리치 디보스-

목 차

제1장
무한한 잠재력에 대한 믿음.......15
제2장
책임의식에 대한 믿음· 33
제3장
더 높은 곳을 향한 믿음· 51
제4장
자유기업체제에 대한 믿음· 67
제5장
인간의 존엄성에 대한 믿음· 85
제6장
국가에 대한 믿음· 103
제7장
인내에 대한 믿음· 117
제8장
가족에 대한 믿음· 131
제9장
하나님에 대한 믿음· 143

14 BELIEVE!

제1장

무한한 잠재력에 대한 믿음

디보스와 대화를 할 때 자주 들을 수 있는 말은 제이와 나(Jay and I)라는 세 단어이다. 또한 디보스의 말 가운데 수시로 튀어나오는 사람의 이름은 사업 파트너이자 디보스의 생애에서 떼려야 뗄 수 없이 얽혀 있는 사람, 바로 제이 밴 앤델이다. 이들 두 사람은 함께 암웨이 사를 세웠고 지금의 거대한 조직을 이끌어 왔었지만 두 사람의 관계란 직업적 측면을 넘어서는 그 이상의 것이었다.

나이가 두 살 정도 차이가 나는 것을 제외한다면 두 사람 모두가 같은 네덜란드계로 태어나 2년정도를 제외하고는 그랜드 래피즈 지역에서 자라났다. 그들은 미션 스쿨 시절에 만났다. 그들의 만남은 자동차를 소유하고 있던 밴 앤델이 차가 없는 디보스를 등,하교 시켜주고 1 주일에 25 센트를 받을 것을 합의한 데서 비롯됐다.

　두 사람은 그렇게 사귀면서 생각하는 것이 유사하다는 것을 알게 되었다. 특히 둘 다 자영업을 하고싶어 한다는 점이 그랬다. 각자가 군복무로 2년을 보낸 뒤 파트너로서 함께 그들의 꿈을 펼치기 시작했다. 이 두 사람의 결합은 마치 마술과도 같은 것이었다. 각자는 최고 경영자로서 책임과 지위를 분담하면서 디보스가 사장의 역할을 해나갈 때 밴 엔델은 회장으로서 일을 해 나갔다. 회사의 정책 결정도 함께 책임지면서도 서로 다른 능력을 갖고 있는 두 사람이 서로서로 조화를 이루어가는 모습에 암웨이 사 사람들마저도 놀라는 것이 보통이었다.

　디보스가 그의 파트너에게 하는 찬사는 연설할 때나 통상적인 대화에서나 자주 입에 올리는 얘깃거리이다.

　"제이는 내가 알고 있는 사람 중에서는 가장 머리가 좋은 사람이라고 생각한다. 고등학교 시절을 돌이켜 보면 제이는 책 한번 들춰보지도 않고서 줄곧 A 학점을 취득할 수 있는 학생이었으며, 마치 컴퓨터처럼 숱한 정보를 기억하고서 처리해냈다. 일단 문제가 생기면 평가를 한 뒤 가부간에 해답을 제시하며 자신의 생각을 뒷받침할 사람들을 보여주기도 했다. 그는 정말 놀라운 사람이다."라고 디보스는 말한다.

　그들의 국제 본부 빌딩 복도에는 암웨이 디스트리뷰터 협회가 선물로 보내준 두 사람의 동상이 있다. 이 두 개의 동상은 각각 다른 모습을 조각한 것이지만 동일한 재료와 동일한

크기로 만들어져 마치 두 개가 하나의 작품처럼 보인다. 현실에서와 마찬가지로 조각에서도 두 사람은 서로를 분리해서 생각하기란 어려운 일이다. 그들도 서로 떠나기를 원치 않을 것이다.

18 BELIEVE!

⦿무한한 잠재력에 대한 믿음

목표하는 바가 낮은 사람은 목표를 맞추기가 쉽다. 왜냐하면, 아무 것도 목표로 하지 않을 때에는 맞춘 것이 바로 목표가 되기 때문이다. 그러나 인생이 그런 식이 되어서는 안된다. 세상에서 가장 강력한 힘은 자신에 대한 믿음이라고 생각한다. 왜냐하면 믿음을 가지고 있는 사람들은 과감하게 높은 목표를 설정하고 삶에서 얻고자 하는 것을 획득하고 흔들림없이 그 하나만을 위해 노력하기 때문이다.

"나는 할 수 있다."라는 말은 진정 힘있는 말이다. 많은 사람들이 이 말을 실제적으로 실현시키고 있다는 것은 놀라운 일이다. 많은 사람들에게 있어 믿음은 하나의 진실이 될 수 있다. 믿음의 효과는 대단한 것으로 사람들은 할 수 있다고 믿는 것을 해낼 수 있기 때문이다. 망상에 사로잡혀 있는 몇몇 사람의 경우를 제외하면 할 수 있다고 생각하는 사람이 해낸 일과 실제적으로 가능한 일과의 차이는 아주 작다. 그러나 중요한 것은 우선 자기 자신을 믿어야 하는 것이다.

우선 한 가지 확실하게 해 두고 싶은 것은 내가 동기부여라는 주제에 대해 전문가인 척하고 싶지 않다는 점이다. 나 자신도 사람에게 동기를 부여하기에는 세상 모든 일에 보통 사람정도의 지식 밖에는 없기 때문이다. 암웨이 사가 급속히 성장했기 때문인지, 아니면 그러한 성장이 360만에 달하는 디스트리뷰터로부터 기인했기 때문인지는 몰라도 동기부여에 대한 나의 생각을 묻는 사람들이 많다. "실패와 성공을 가름하는 요인은 무엇일까"를 그들은 알고 싶어 한다.

그래서 동기부여에 대한 비법을 물어 오는 경우가 많다. 많은 사람들이 세일즈를 집어 치우는가 하면, 반면에 새로운 판매기록을 세우는 사람도 있는데 여기에 대해 내가 심오한 비법이라도 가지고 있거나 한 것처럼 말이다. 나는 그들을 실망시키고 싶지는 않지만 사실은 사람들을 성공하게 하는 데 내가 특별한 기술이나 속임수, 더 나아가서 마술을 부리는 솜씨가 있는 것이 아니라는 점이다.

그러나 비록 동기부여 방법에 대해서 특별한 지식을 가지고 있노라고 주장할 수는 없어도 확실한 신념 하나는 말할 수 있다. 그것은 어느 누구라도 그가 할 수 있다고 믿는 것은 무엇이든지 할 수 있다는 것이다.

목표에는 본질상 큰 차이가 없다. 어렸을 때 나에게는 자영업을 해서 성공하겠다는 야망이 있었다. 그것이 지금 생각해보니 "나의 목표" 바로 그것이었다. 대학을 마친다든가 세계 여행이라든가 PGA에서 선두를 달리는 골퍼가 되겠다든가 미시건 주 의회의 의장이 되겠다는 등의 관심이 내게는 없었다. 그러한 일에 잘못된 점이 있다는 것은 아니다.

그러한 일도 모두 훌륭한 목표가 될 수 있다. 그러나 그러한 목표가 그 시절 나에게는 매력적인 것이 될 수 없었다. 나의 목표는 내 사업을 해서 성공하는 것이었으며, 내가 할 수 있다고 생각하는 것만을 믿을 수 있었다.

물론 확실한 길이 있었던 것은 아니다. 그러나 목표가 무엇이든지 결과는 마찬가지일 것이라고 나는 믿었다. 삶의 어떤 단계에서든 성실히 노력만 한다면 못 이룰 것이 없을 것이라고 나는 믿는다. "나는 할 수 있다"는 개인적인 철학은 사업뿐만 아니라 정치, 교육, 종교 활동, 운동, 예술 등 무엇에든 적용될 수 있는 것으로 모든 분야를 망라한 중요한 동기가 될 수 있다. 또한 이 철학은 박사학위를 딴다든가 백만 달러를 번다든가 오성장군이 된다든가, 올림픽에서 금메달을 딴다든가 하는 다양한 성공을 위한 일반적이고도 훌륭한 요인이 될 수 있는 것이다.

지난 세월을 돌이켜 보면, 다른 어떤 교훈보다도 결단력 있고 신념을 가진 노력의 가치에 꾸준히 고무되어 왔다. 내 인생의 대부분을 제이 밴 앤델과 함께 해 왔으며 1959년 암웨이 사도 함께 시작했지만, 그 훨씬 전인 고등학교 시절부터 "우리는 할 수 있다."는 신념을 확고히 할 수 있었던 경험을 공유하고 있다.

2차대전이 끝났을 때에 제이와 나는 항공 산업이 미래의 유망업종이 될 것이라는 확신을 가지고 돌아왔다. 많은 사람들이 비행기를 소유하고 비행 기술을 배우게 될 것이라는 확신이 들었던 것이다. 항공 산업에 뛰어들기로 결정을 하고 경비행기를 구입하여 항공 학교를 열 준비를 갖췄다. 그러나 아주 사소한 문제가 하나 있었다. 우리 둘 다 조종을 할 줄 몰랐다는 것이다.

거기서 포기할 수는 없었다. 경험많은 조종사를 고용해 실제 교육을 맡도록 하고 우리는 일반에게 홍보하는 일에 주력했다. 중요한 것은 우리가 항공 사업을 경영해 보기로 결심했고, 그 의욕을 떨어뜨려 결심을 바꾸게 하는 것은 어떤 것이라도, 심지어 조종술을 모른다는 사실까지도 받아들이지 않았다는 점이다.

우리는 또 다른 암초에 부딪쳤다. 고객들의 예약을 받고 교관들을 채용하는 과정에서도 활주로가 아직 완성되지 않은 상태였기 때문이다. 활주로 예정지는 거대한 진흙 벌판에 지나지 않았다. 우리는 즉각적인 대응 방법을 찾기 시작했다. 공항 주위로 큰 강이 흐르고 있었다. 그래서 우리는 비행기에 알맞은 부표를 사서 물에 띄우고는 그 거룻배 위에서 비행기를 뜨고 내리게 했다(마침내 두 사람의 견습생이 과정을 마치게 되었는데 이들은 마른 땅에는 비행기를 착륙시켜 본 적이 없었다).

우리들은 그 같은 활주로에 사무실을 둘 생각이었지만, 영업 개시일에 임박해서도 사무실 공사는 착수하지도 못했다.

뭔가 조처가 필요했다. 그러나 길 아랫마을에서 조립식 양계장 막사를 구해다가 활주로 옆에 세우고 깨끗이 씻어 고정시킨 뒤에 월버린 항공 서비스라는 거창한 간판을 달았다. 우리는 항공 사업을 시작한 것이다.

결과적으로 우리 사업은 번창을 거듭해서 약 10대의 비행기를 갖추게 되었고, 마침내는 그 지역에서 가장 큰 항공 서비스 회사로 발전하게 되었다. 처음부터 우리 자신을 믿었기 때문에 이룩한 성공이었다. 우리가 할 수 있다고 분명히 믿고 있는 것이기에 초기의 어려움에도 불구하고 해낸 것이었다. 만일 우리의 계획에 대해 반신반의 하면서 시작했다면, 우리는 포기할 핑계를 찾았을 것이고 첫 비행기의 비행도 불가능했을 것이며, 월버린 항공사도 결코 탄생될 수 없었을 것이다.

이 사업을 통해 얻은 결론은 다음과 같다. 직접 시도해 보기 전에는 그 일을 해낼 수 있을지 아무도 모른다는 것이다. 주위에서 너무 흔히 들어본 것이기에, 대부분 쉽게 지나쳐 버린다. 그러나 우리가 그 당시에 항공산업에 대한 이론적인 얘기들에 먼저 귀를 기울였다면, 우리는 그것을 시도해보려는 생각은 하지 않았을 것이다. 그리고 시작도 하기 전에 포기하고 말았을 것이다. 아마 오늘날까지도 그 일을 할 수 없었을 것이라고 생각하고 있을 것이다. 그리고 책상 앞에 앉아 탁상공론을 하고 있을 것이다. 그러나 우리는 할 수 있으리라고 믿었기에 실행에 옮겼고, 최선을 다했던 것이다.

그 후에 식당업에도 손을 대보기 시작했다. 식당업에 대해 알고 있는 것은 거의 없었다. 단지 캘리포니아까지 가서 드라이브-인 식당을 둘러본 정도였다. 그랜드 래피즈에는 그런 식당이 없었으므로 드라이브-인 식당업을 시작하면, 수익성이 좋을 것 같은 믿음이 생겼다. 그래서 우리는 착수했다. 먼저 조립식 건물을 사들였고, 일인용 주방을 꾸며 식당 개업 준비가 완료되었다. 그러나 개업식 날 밤, 전기가 들어와 있지 않다는 것을 알게 되었다. 뜻하지 않은 낭패감이었다. 하지만 우리는 개업일을 늦출 생각은 하지 않았다. 마지막 순간에 발전기를 빌려와 자그마한 건물에 그것을 설치해 놓았다. 그리고 전기를 연결했다. 식당은 계획대로 문을 열 수 있었다. 이 자그마한 식당이 세계에서 가장 장사가 잘 되는 식당으로 발전한 것은 아니다. 이 사업은 우리에게 이윤을 남겨주지는 못했지만 꾸준히 지속되었다.

하루는 제이가 요리를 하고 나는 이 차 저 차 뛰어다니며 손님을 받았다. 그 다음날은 그 역할을 바꿔서 했다. (생계를 유지한다는 것은 끔찍한 일이었다!) 중요한 것은 앉아서 이러쿵저러쿵 떠드는 대신 하고자 했던 일을 위해 발벗고 나선다는 것이다. 그렇지 않았다면, 몇 년 동안 얘기만 하고 있었을 것이다. 우리 앞에 놓인 문제들과 장애물들에 대해서만 반복해서 우려만 할 뿐 직접 시도해 볼 생각은 아예 안했을 것이다. 그래서 식당업에 대한 성공 여부조차도 알지 못했을 것이다.

이 모든 것들은 무엇을 의미하는가? 일단 일을 벌여 보자는 것이다. 성공할 수 있는 기회를 만들어 보는 것이다. 일단 뛰어 봐야 경주에서 이길 수도 있는 것이고 과감히 싸워봐야 승리도 할 수 있는 것이다. 항상 꿈만 꾸고 항상 바라기만 하면서 스스로 기회를 만들지 않는 삶처럼 비극적인 것이 어디 또 있을까. 희미해져 가는 꿈을 붙잡고만 있으면서 그것을 활활 태워 보려는 생각은 하지 못 한 채 말이다. 수백만의 사람들이 부수입을 얻거나 자영업을 하고 싶은 꿈을 지니고 있으면서도 그런 식으로 흐지부지하기 일쑤이다.

암웨이 사의 프로그램은 어느 정도 그 욕구를 충족시켜 주고 있다. 또 다른 분야에서도 아주 비밀스런 꿈을 키우고 있는 사람들이 많다. 석사 학위를 따고 싶어하는 학교 교사, 사업을 확장시키려는 사업가, 유럽으로 부부 동반 여행을 떠나고 싶은 사람, 프리랜서로서 단편소설을 써보고 싶은 주부들 등 이루 헤아릴 수 없이 많을 것이다.

도전해 볼 생각은 감히 하지도 못하고 그저 바라기만 하는 사람들은 "난 할 수 있어."라는 말을 입밖에 내지는 못하고, 그들의 꿈이 실현될 수 있다는 생각은 아예 하지도 않는다. 혹시 실패할까봐 두려워하고 있는 것이다.

그런 상태에 있는 사람들에게 필요한 유일한 것은 이것저것 비용 등을 고려해 보고 할 수 있는 것은 실천에 옮기는 것이다. 시도해 보는 것이다. 이러쿵저러쿵 말만 하지 말고 실제로 해보는 것이다. 그림을 그려 보지도 않고, 사업을 경영해 보지도 않고, 진공 청소기를 팔아 보지도 않고, 학위를 받아 보지도, 직책을 맡아 보지도 않고, 연설을 해보지도 않고, 경기에 이길 수 있을지, 그 소녀와 결혼할 수 있을지, 그 책을 쓸 수 있을지, 그 요리를 할 수 있을지, 그 집을 지을 수 있을지를 해보기도 전에 어떻게 알 수 있겠는가?

제이와 내가 처음 이 사업을 시작할 때는 이와 같은 태도가 지배적이었다. 돌아보면 참으로 우직하기 짝이 없었다. 그러나 그때 우리는 새로운 일을 시작하는 데 아주 의욕적이었고 '할 수 있다' 라는 신념에 차 있었다. 그리고 무엇이든 할 수 있었다. 그러나 그것을 알기 위해서는 먼저 시도해 봐야 했다.

결혼하기 전에 항해에 대해 아주 인상적이었던 책을 읽었다. 카리브 해를 돌아다니며 항해를 하는 사람이 쓴 책이었는데, 해상 여행에 대한 얘기로 가득차 있었다. 그래서 우리는 남아메리카를 항해하기로 했다. 열심히 일했기에 휴가가 필요했다. 코네티컷에서 38피트 길이의 오래된 범선을 사서 여행할 준비를 갖췄다. 미국 동부해변을 돌아 플로리다까지 내려와 쿠바를 거쳐 이국적 도서 지역인 카리브 해로 항해할 계획을 세웠다.

드디어 남부 아메리카를 향해 떠날 준비가 되었다. 우리 둘 다 항해 여행은 생전 처음인 것이 좀 걱정되기는 했지만, 멋진 시간을 보내게 될 것이라는 기대로 가득했다.

미시건의 홀란드에 갔던 기억이 난다. 어느 날 항해선의 선원에게 태워달라고 한 적이 있다. "왜 내가 너희들을 태워 줘야 되지?" 그가 물었다.

"우리는 38피트짜리 스쿠너 선을 샀는데 우리 둘 다 항해는 처음이거든요."

"어디 갈 건데?"

우리가 남아메리카라고 하자 그는 그냥 가 버렸다.

그러나 우리는 꼭 가고야 말겠다고 다짐했다.

우리는 배에 올라 타 여러 가지 조정 방법을 되는 대로 익히고 한 손에는 책을 들고 또 다른 손에는 키를 잡고 항해를 시작했다. 그러나 우리는 방향을 잃고 말았다. 뉴저지 어느 곳인가에서 방향을 잃어 버렸고 해안 경비대조차 우리를 찾을 수 없었다. 밤에 두 번이나 방향을 잘못 잡아 돌았는데 오지의 늪지에 빠져 버렸던 것이다. 해안 경비대가 하루 종일 찾아 헤맨 끝에 우리를 발견하고는 놀라워 했다.

"이런 배로 어떻게 이렇게 먼 내륙 깊은 곳까지 올 수 있었니."라고 말하며 그들은 로프를 연결해 우리를 바다로 끌어내 주었다.

배로서는 치명적인 결점이겠지만 그 배는 물이 새는 것 외엔 나무랄 데 없는 상태였다. 스며들어온 물을 계속 밖으로 퍼내며 우리는 드디어 플로리다에 도착했다. 펌프질을 하려고 시계를 3시에 맞춰놓고 잠이 들곤 했지만 5시경이 되면 결국 손으로 물을 퍼내기 일쑤였다. 이윽고 하바나에 도착할 즈음 상태는 좋아졌고 아예 문제가 없기를 바랬다. 우리는 쿠바의 북쪽 해안을 타고 내려갔다. 그러나 우리 배는 더 이상 갈 수가 없었고 해안에서 10마일 떨어져 있는 곳에서 물속으로 침몰해 갔다. 그때 네덜란드의 배가 시야에 들어왔다. 이 배가 우리를 구해주었더라면 하나의 소설책 같은 멋진 내용을 장식했을 것이다. 왜냐하면 제이와 나는 모두 네덜란드계 태생이었기 때문이다. 그러나 불행스럽게도 갑판의 남자들은 무선통신을 통해 쿠바 배 한 척이 위험상황에 있음을 발견했다고 보고하고는 가버렸다. 1시간 후에 뉴올리언 주에서 온 미국 선박이 우리의 신병을 인수해 푸에르토리코 항에 내려 주었다.

그쯤에서 포기하고 돌아갔으리라 생각하겠지만 포기할 생각은 조금도 하지 않았다. 우리가 계획한 대로는 아니었지만 어쨌든 푸에르토리코에 도착했다. 미시건의 우리집에서는 "이제 그 철없는 녀석들이 돌아오고 있겠구나."하고 생각하고 있었을 것이다 그러나 우리는 그런 생각은 전혀 하지 않았다. 우리는 보험회사에 연락해 돈을 어디로 보내줘야 하는지를 알려주었다. 그리고 우리는 여행을 계속해 나갔다. 우리는 카리브 해를 거쳐 남아메리카의 큰 나라들을 지나 계획대로 미시건에 되돌아왔다.

이 여행은 목숨을 걸 정도로 중요하지도, 경력이나 가족만큼 중요한 것도 아니었다.

그것은 단지 여행에 지나지 않았고 호기심 많은 두 소년이 세상의 다른 구석을 구경하고 왔을 뿐이었다. 그러나 그것이 내게 의미 있었던 시간으로 와 닿은 이유는 나의 평소 믿음을 더욱 더 확실히 해주었기 때문이었다. 그것은 살아가면서 한 인간이 자신이 원하는 것을 얻을 수 있는 단 하나의 방법은 그것을 일단 시도하고자 하는 의지와 그 일이 가능하다는 확신을 가지는 한 모든 것이 가능하다는 것이었다. 이 사업을 수십 년간 해오면서 그런 신념은 점점 더 굳어져 갔다.

왜! 수많은 사람들이 자신의 꿈을 그대로 묻어두기만 하는 것일까? 가장 큰 원인은 다른 사람의 부정적이고도 냉소적인 태도 때문이다. 이들은 적이 아니며 우리의 친구 또는 가족이다. 우리의 적은 우리를 그다지 많이 괴롭히지 않는다. 차라리 적이라면 별 큰 문제없이 해결할 수 있다. 그러나 우리의 친구들은 우리를 파멸케 할 수도 있다. 그들이 항상 부정적인 어투로 우리의 꿈을 비웃으며 가슴에 못질을 해 놓으면, 그 여파는 우리를 파멸로 이끌 수도 있다.

인간은 새로운 일의 가능성에 고무된다. 돈을 더 벌고, 의미있는 일을 하고 도전의 꿈을 키우면서, 심장 박동 소리는 더 커지고 온몸에 활력이 넘쳐 이 고무적인 새 일을 향해 매진하게 된다. 그러나 어느날 이웃 친구에게서 생각지 못했던 장애물에 대해 듣게 된다. 그 친구는 비웃으며 말한다.

"넌 그걸 해낼 수 없어." 수없이 많은 문제들, 앞에 도사리고 있는 장벽들을 늘어놓으며, 이 일을 할 수 없는 이유를 줄줄이 늘어놓으며 하던 일이나 하며 살아가는 것이 최선이라고 얘기한다. 자신도 모르는 사이에 우리의 의욕은 사그라들어 버린다. 주인에게 채인 개 마냥 꼬리를 축 늘어뜨린 채 집으로 돌아간다. 꿈에 부풀었던 의욕과 정열, 그리고 자신감은 다 어디로 간 채 다시 한번 생각해 본다. 이젠 자신이 할 수 없는 여러 이유들이 줄지어 떠오른다. 그는 꿈도 없고, 행동도 없는 친구가 했던 얘기를 혼자 곱씹어 본다. 그러면서 서서히 그 친구의 부정적인 생각에 압도당하게 된다. 그와 같은 친구는 수십 명의 적보다 더 나쁜 현실이 된다.

어느 젊은 주부는 스웨터나 아프간 이불 등을 손수 짜고 싶어 뜨개질을 배우기로 결심했다. 책과 바늘과 실을 사서 가장 간단한 것부터 배우기 시작했다. 나중에는 아주 멋진 옷도 짤 수 있을 것이라는 기대에 부풀어 있는데, 해가 저물어 남편이 퇴근해서는 뜨개질이 얼마나 힘든 것인데 그걸 배우려 하느냐며 소품 하나를 만드는 데도 오랜 시간이 걸리고 시작했다가 금방 포기하는 여자들이 얼마나 많은데 그걸 시작했냐면서 그녀를 생각해서 하는 얘기인 양 "당신은 못 해. 안하는 게 좋을 거야."라고 웃음 띠며 말한다. 남편이 그 방을 떠나기 전에 벌써 그녀의 믿음은 그의 냉소주의에 파묻혀 버린다.

당신이 할 수 없는 것들을 얘기하는 사람은 이 지구상, 어디서나 쉽게 찾을 수 있다는 것을 기억하라. 표정이나 말 등으로 당신이 새롭게 시작하고자 하는 어떤 일도 실패하고 말 것이라는 얘기를 하고 싶어 안달을 한다. 그들에게 귀기울이지 말라! 자신은 연간 만 달러도 못 벌면서 당신이 왜 만오천 달러를 벌 수 없는지 그 이유를 다 알고 있는 듯 떠벌이는 사람이다. 보이 스카우트에서 당신이 이글 스카우트가 될 수 없는 이유를 주절거리는 사람은 바로 풋내기들이다.

당신이 받은 점수를 가지고 얘기하는 사람은 바로 자신이 낙제자이며 당신이 어떤 사업을 시작하려 할 때 그것이 불가능함을 설득력있게 얘기하는 사람은 대부분 사업을 해보지도 않은 사람들이다. 골프 경기는 해보지도 못한 여자가 당신이 이길 수 없을 것이라고 장담하는 것이다. 들으려 하지도 말라! 어떤 꿈이든 당신이 꿈을 가지고 있다면, 한번 믿어보고 시도해 보아라, 자신에게 기회를 만들어 주어라!

형제들이나 배관공이나 남편의 낚시 친구들, 혹은 옆집 사람이 당신의 신념과 믿음을 빼앗아가도록 내버려두어서는 안 된다. 소파에 누워 있거나 매일 밤 TV 앞에 붙어 있는 사람들이 당신에게 인생이 얼마나 하찮은가에 대해 얘기하도록 내버려 두지 말아라. 당신 마음 속 어디엔가 꿈을 키우고 있다면 하늘에 감사하며 추진해 나가라. 다른 사람의 방해를 용납하지 말아라.

아버지는 개개인이 노력해 얻어낼 수 있는 잠재력을 믿으셨다. 어렸을 때 내가 "할 수 없어요."라는 말을 할 때면 항상 "'할 수 없다'란 말은 없는 거란다. 한번만 더 그런 소리를 하면 널 창문 밖으로 던져 버리겠어."라고 말씀하셨다. 결코 그렇게 하시지는 않았지만 내게 심어주고자 했던 의미는 결코 잊지 않고 있다.

"할 수 없어."란 말은 좋을 게 없다. 항상 자신의 가능성을 믿고 할 수 있다는 신념을 갖자. 당신의 잠재력을 믿으면 실제로 할 수 있음을 발견하게 될 것이다. 많은 일이 이루어지는 것을 보고 스스로도 놀랄 것이다.

제 2 장

책임 의식에 대한 믿음

 티모시, 그는 디보스의 개인 비서이다. 밤이고 낮이고 해야 할 일은 리치 디보스에 관한 것이었다. 그가 집밖으로 나오면서부터 저녁 때 다시 집에 들어갈 때까지 그의 임무는 리치 디보스를 보좌하는 것이며 그는 바로 디보스의 그림자였다.
 그는 키가 크고 건장하며, 시골 청년다우면서도 신사답고 호감이 가는 인상의 소유자였다. 티모시는 그 누구보다도 디보스를 가장 잘 알고 있을 것이다.
 그러한 그가 그랜드 래피즈에 있는 하워드 존슨 식당에 앉아 커피 잔을 기울이고 있다. 밖에는 비가 내려 쌀쌀하고 그는 무엇인가 계속 얘기하고 싶은 생각에 젖어든다.
 "그래요, 저는 제 일을 좋아하죠. 정말 그래요, 집을 비워야 할 때도 많지만 다 일 때문이니까요. 제 아내도 다 이해해 주고 있어요."

티모시에게서 디보스 얘기를 듣는 것은 그리 어렵지 않다.

"디보스는 정말 대단한 사람이죠. 제가 처음 일을 시작했을 때는 자신이 별로 없었어요. 누군가와 항상 붙어 있어야 한다는 것이 쉬운 일은 아니잖아요. 그런데 할만 하더라구요. 아마 디보스가 아닌 다른 사람이었으면 힘들었을 거예요."

"잘 모르겠지만 하였튼 전 디보스를 돕는 이 일이 마음에 듭니다."

"그는 여행을 많이 하죠. 그래서 저도 항상 따라다니게 되지요. 그렇다고 아예 휴가가 없는 것은 아니에요. 며칠 출장을 갔다 오면 휴가를 주곤 하죠."

"제 아내는 임신 중입니다. 아들이든 딸이든 상관 없어요. 출산일이 일 주일 남았거든요. 모래부터 2주 동안 휴가를 다녀오라고 하더군요. 그는 이렇게 많은 배려를 해주고 있어요."

디보스도 화를 내거나 불쾌해 하거나 조급해 할 때도 있지 않습니까?

"전혀 없었어요. 한번도요. 그는 전혀 초조해 하거나 불안해 한 적이 없었어요. 일이 마음먹은 대로 안되고 사람들이 시키는 대로 해놓지 않았어도 화를 내거나 하지 않고 융통성 있게 일을 처리했죠. 무슨 말인지 아시겠죠?"

티모시는 지루할 정도로 천천히 커피 한 모금을 마시고 다시 얘기를 시작했다.
 "정말 놀라워요. 그렇게 훌륭하고 그렇게 부자인데도 불구하고, 그렇게 쉽게 어울릴 수 있다는 것이 정말 믿어지지 않을 겁니다."

BELIEVE!

⊙책임 의식에 대한 믿음

책임의 개념은 에덴의 동산으로 거슬러 올라간다. 그것은 인간이 탄생되면서부터 시작된 것이다. 아담과 이브가 사과를 따먹었고 달이 지기 전에 그에 대한 책임을 져야 했다. 무화과 잎으로 술책을 써보다가 결국 모든 책임을 지고 에덴 동산에서 쫓겨 나오게 되었다.

아담과 이브의 이야기와 마찬가지로 자신의 행위에 대한 책임을 회피하려고 했던 경우는 그 옛날 카인과 아벨의 경우에서도 찾을 수 있다. 카인은 아벨을 죽여놓고 이 세상에서 최초로 그 책임을 전가하는 실례를 보였다. 여호와가 카인을 불러 아벨의 죽음에 관해 문책하며 그 책임을 묻자 그 살인자는 도리어 다음과 같이 반박하며 "제가 아우를 지키는 자입니까"라는 그 유명한 회피성 대답을 했다.

그 대답은 물론 "그렇다"였다. 카인은 책임이 있다. 아담과 이브가 책임이 있었던 것처럼 당신과 나도 책임을 져야 하는 것이 있다. 책임감이란 각 개인이 자신이 한 행동이나 선택에 대해 책임을 져야 하고 그 결과에 따른 보상이나 처벌을 기꺼이 받아들이는 것을 의미한다. 그 책임감은 사회를 하나로 연결해 주는 고리가 되며, 서로의 관계에서 자신의 행동에 책임을 지겠다는 약속인 것이다. 책임감은 자신이 한 일에 대해 다른 사람들에게 해명해 줘야 할 의무가 있다는 것이다. 모든 사람은 누군가에게 책임이 있고 또 책임을 져야 한다.

한 제조회사의 종업원들은 주말에 시간당 급료를 받으므로 그 주에 그 일에 사용한 시간에 대해 반장에게 책임을 져야 하고, 반장은 감독관에게, 또 감독관은 총지배인에게 책임을 진다. 궁극적으로 이 회사의 총 책임자는 이 공장에서 나오는 제품의 품질에 대한 책임을 지게 되는 것이다. 사장은 이사들에게 책임이 있고, 그 이사들은 회사에 돈을 투자해 이윤을 얻으려 하는 주주들에게 책임을 져야 한다. 사다리와도 같이 각 개인의 책임 분야는 달라도 어느 누구나 자신의 행동에 대해선 누군가에게 책임을 져야 하는 것이다. 주주들이나 회사 소유주들은 정부에게 정부는 국민에게, 그래서 결국 커다란 책임의 순환체계를 이루게 되는 것이다.

우리는 보석상의 유리를 깨고 다이아몬드를 훔친 자는 이 땅의 법에 의해 책임을 져야 한다고 생각한다. 만약 그가 잡

히면 그는 책임을 추궁당하고 자신이 저지른 행동에 대한 결과를 기꺼이 받아 들여야 한다. 또 한편으로 백만 달러를 모으거나, 또는 아름다운 농장을 갖고 싶어서, 또는 대학 졸업장을 따기 위해 열심히 일한 사람은 그에 대한 댓가를 누릴 수 있는 권리를 갖게 된다. 결과는 행동과 뗄래야 뗄 수 없는 것이다. 좋은 행동은 당연히 보상받으며 나쁜 행동은 처벌받아야 한다. 어떤 경우에서든지 강조하고자 하는 개념은 각 개인은 그들이 소속된 사회에서 자신의 행동에 대한 책임을 지게 되어 있다는 것이다.

그와 같이 기본적인 개념은 조직 사회에서의 주고 받음의 논리이다. 그러나 요즈음 이 논리는 제대로 지켜지지 않고 있다. 누구의 잘못이라고 꼬집어 말할 수는 없다. 혹자는 심리 상태가 문제라 하지만 사람들이 한 행동에 대해 평가받아서도 안 되고 책임도 없다는 논리가 이 땅에 널리 퍼져가고 있는 것만은 사실이다.

어느 학생이 빈둥거리고 놀면서 공부를 전혀 하지 않아 교사가 낙제를 시켜도 그것은 그 아이의 잘못이 아니라는 생각이 점점 더 많아지고 있다. 그 아이의 공부에 대한 의욕을 불러일으켜 주지 못했으므로 그 잘못은 교육제도에 있지 그 아이에게 있는 것이 아니라는 것이다.

어떤 사람이 상습적으로 범죄를 저지르고 뭐하나 제대로 하는 것도 없이 평생을 감방만 들락날락하며 지내도 책임은 그에게 있는 것이 아니고 그를 그렇게 만든 사회에 있다는 식으로 생각하는 경향이 유행처럼 퍼지고 있다. 그런 사람을 만들어 낸 이 사회에 일차적으로 책임이 있기 때문에 그의 행동에 대해 그에게 책임을 묻는 것은 옳지 못하다는 것이다.

　한 공무원이 공갈 사기와 같은 범죄사실을 은폐하였다가 그 행동에 대한 문책을 당하면 자신으로 하여금 그렇게 하게 만든 이 사회의 부도덕한 분위기나 상사로부터의 압력을 탓하며 자신의 책임을 회피하려 한다.

　이러한 정신 자세 때문에 사람들은 자신이 책임을 져야하는 상황을 모면하기 위한 속죄양을 찾고자 하는 것이다. 부모가 첫 번째 대상이 된다. 모든 사회 조직들 또한 그 목적을 수행하는 데 도움을 주고 있다. 물론 다 실패했을 경우엔 "악마가 그렇게 하도록 시켰어요"하고 변명하면 그만이다. 이 변명은 일종의 연막이다. 그것 때문에 각자가 처한 상황이 어디에서 비롯됐는지 진정 누구에게 책임이 있는지 자신을 똑바로 들여다 볼 기회를 놓지고 마는 것이다.

　수 년 전 타임지의 표지를 장식했던 비 에프 스키너는 반세기 동안 가장 영향력 있는 사상가로 불려졌다. 그는 "자유와 책임을 넘어"라는 책을 써서 뉴욕 타임 지로부터 1970년대 최고의 양서라는 평을 받았다. 심리학자였던 스키너는 그 책에서 무책임에 대한 그의 옹호 입장을 분명히 하고 있다. 인간은 그의 행동에 책임이 없다고 그는 썼다. 왜냐하면 인간은 끊임없이 그가 처한 환경에 의해 조정되고 인간의 모든 행동은 그가 겪어온 상황에 의해 이루어지기 때문이라는 것이다.
　그가 어떤 사람이고, 또 어떤 일을 저질렀건 그는 독자적으로는 어떤 일도 할 수 없게 조직되어 있기 때문에, 선행을 했다고 해서 좋은 사람으로, 잘못을 저질렀다고 해서 나쁜 사람으로 간주해서는 안된다는 것이다. 인간 자체는 선하거나 혹은 악하지 않다. 그는 단지 그가 처한 환경에 따라 행동할 뿐이다.
　나는 행동주의 과학자는 아니다. 스키너의 견해에 대한 철학적 배경의 권위자는 더욱 더 아니다. 그러나 내가 강조하고자 하는 바는 그런 스키너의 견해가 대단히 휴머니즘적인 차원에서 나온 것이라 하더라도 그런 전제 위에 세워진 사회는 결코 제대로 돌아갈 수 없다는 것이며 시간이 좀 흐른 뒤에는 아예 제 기능을 발휘하지 못하게 될 것이라는 점이다.
　아무도 누군가에게 책임을 질 필요가 없고, 모든 인간의 행위는 옳든 그르든간에 똑같이 보상받아야 하고, 또 저마다의 행동에 대해 어느 누구도 책임질 필요가 없다면, 이 사회는 제 구실을 할 수 없게 된다. 많은 사람들이 이 극도의 무책임의 개념을 아주 주저없이 받아들이리라고는 생각하지 않는다.
　에너지의 소모량에 상관없이 누구나 필요에 따라 보상받을 가치가 있다는 사회주의나 공산주의의 논리에 합중국의 많은 사람들이 동의하리라고는 생각하지 않는다.

그러나 대다수가 자신 때문에 생긴 문제에 대해 다른 사람을 탓하고, 자신의 결점을 감춰줄 변명거리나 찾는 등 병적인 분위기에 점점 휩싸이게 되어, 자신이 져야 할 책임을 피하기 위해 전전긍긍하게 되었다.

우리가 기억해 두어야 할 책임의 기본 원리가 몇 가지 있다.

첫째, 더 많이 소유할수록 책임은 그만큼 더 늘어난다는 것이다.

당연한 얘기이며 여러 다양한 재주를 가진 사람들의 얘기를 빌어 성서에서 나온 구절이기도 하다. 예수는 책임에 관해 설교하기 위해 이야기를 해주었다. 다섯 가지의 재주를 가진 사람은 다섯 가지 재능에 대한 책임이 있다는 것이다. '많은 것을 받은 사람은 짐이 그만큼 많아진다.' 우리가 가진 건강, 지식, 기회 등 우리가 더 많이 가진 만큼 더 많은 책임을 져야 한다는 것을 이해해야 한다. 더 많이 가진 자가 더 많이 기부해야 한다. 타인에게 많은 영향력을 가진 사람은, 아무 힘없이 민초로 살아가는 사람들에 비해 훨씬 더 책임이 무거운 것이다. 명석한 두뇌의 소유자, 혹은 그 외 다른 재능의 소유자들은 보통 사람에 비해 그것을 이용해야 하는 더 큰 책임을 갖게 된다.

그러나 이 원리는 두 가지 측면을 고려하고 있다. 이 원리는 출신 배경의 차이를 고려하면서도 각자는 그가 처한 상황에 대해서도 또한 책임이 있음을 강조한다. 그래서 보통 수

준의 수입을 벌어들이는 사람은 아무리 작더라도 그 안에서 돈을 써야 할 책임이 있고, 친구도 별로 없고 사회적 교류가 거의 없는 사람도 또한 제한되어 있는 환경 내에서의 그의 행동이나 영향력에 책임을 져야 한다.

 헬렌 켈러의 예를 들어보자. 자신이 장님이고 귀머거리로 태어났으니 그녀에게는 미래란 없고 따라서 미래에 대한 책임도 없다고 생각했다면, 그녀는 인생에서 항상 실패만 거듭했을 것이다. 그래서 이대로 누운채 인생을 마감해야겠다고 생각했다면 우리가 알고 있는 헬렌 켈러는 존재하지 않았을 것이다. 그러나 이 모든 악조건에도 불구하고, 그녀는 인생이 부여한 책임을 기꺼이 받아들여 창조적으로 이용하였다.

 가난과 절망뿐인 빈민굴에서 태어난 사람은 이곳저곳에서 차별 대우를 받을 때면 "그래, 난 이렇게 악조건하에서 태어났으니 내 인생에 대한 책임은 없어."라고 말할지도 모른다. 자신이 태어난 환경, 자신이 처한 상황만을 불평하며 그대로 자신의 생을 마감할지도 모른다. 그러나, 그 또한 자신의 행동에 대해 책임을 져야만 한다.

 전반적으로 암웨이 사는 살아가면서 자신이 처하게 되는 상황에 대해 책임을 지는 사람들로 구성되어 있다. 암웨이 사는 경제 분야에서 좀더 많은 이득을 얻기 원하는 300여만 명의 사람들로 이루어져 있다. 그들은 더 많은 수입을 원하고 원하는 것을 자유로이 즐길 수 있게 되기를 바란다. 인플레이션을 탓하고 그들 회사의 싼 임금을 불평하고 그들이 처해 있는 어려운 입장을 비방하며 제자리에 머물러 있는 대신에 암웨이 사람들은 무엇인가를 하고자 했다. 퇴근 후에는 매일 밤 TV나 시청하고 토요일 오후에는 낮잠이나 자고 예전 같으면 아무 것도 하지않고 빈둥거리던 시간에 그들은 암웨이 제품을 판매하기 위해 발벗고 나섰으며, 월급 외의 돈을 벌기 위해 암웨이 사 프로그램에 뛰어들었다. 잘 해내는 사람이 있는가 하면 그렇지 못한 사람도 있다. 그러나 중요한 것은 이제 그들은 앉아서 불평불만만 늘어놓는 대신에 직접 무엇인가를 하기 시작했다는 점이다. 그것은 또한 내가 그들을 아끼는 이유이다. 이들은 어떤 역경에 처해 있더라도 그것에 대해 기꺼이 책임을 지고 또 현재보다 발전하고자 노력하고 있다.

　책임의 두 번째 원리는 책임이 있다면 자신의 선택에 대한 자유도 주어져야 한다는 것이다.

　책임과 자유는 상호 협조 관계이다. 책임 없는 자유는 없으며 자유 없는 책임도 없다. 생산을 책임지고 있는 공장장의 위치에 있는 사람에겐, 그 일을 달성하도록 하기 위해 일한 업적에 따라 포상을 결정할 수 있는 마땅한 권리를 주어야 한다. 아들에게 1천 달러를 주고 1년 동안 그 돈을 활용하여 돈을 벌라고 말했다면 그가 선택하게 되는 모든 것들, 위험을 감수하고, 투자하고, 사용하는 모든 것들을 할 수 있는 자유도 주어야만 한다. 어떤 사람에게 그의 경제 상태에 대한 책임을 지우려면 좀 더 일하고 더 열심히 일을 한 결과로 그가 생산해내는 것에 대해서 보상을 해주는 조직 문화를 보장해 주어야 한다. 요는 스스로 행동하고 결정할 수 있는 권리를 부여해야 한다는 것이다.

공산주의 사회는 책임이 없음을 대단히 자랑스러워 한다. 사리사욕에 눈이 먼 자본주의의 폐단을 멀리하기 위해 모든 사람의 재정상태는 국가에서 관리하므로 개개인의 행동에 대해서 책임이 없게 한다. 공산주의 국민들이 자신에 대해서 책임을 지게 하기 위해서는, 공산국가가 국민들에게 돈을 벌고 투자할 자유와 출세를 하든 뒤처지든 자신의 일을 알아서 행할 수 있는 자유를 주어야 한다. 국민들에게 선택의 자유를 주지 않으면서 그들에게 국가의 경제에 대한 책임을 전가할 수는 없는 것이다.

이러한 원리는 종교에서도 가르치고 있다. 신께서 인간에게 그 행위에 대한 책임을 지워주시며 동시에 자유결정권도 부여하셨다. 신을 섬기든 섬기지 않든 숭배를 하든 안하든 사랑으로 사업을 하든 사기를 치든 모든 것은 개개인의 자유의사에 달린 것이다. 즉 자신이 알아서 할 수 있는 자유가 있는 것이다. 신은 그 자유를 보장해 주셨다. 인생의 올바른 길로 갈 것을 강요하지 않으신다. 대신에 그 자유를 갖게 됨으로써 각자는 자신의 행동에 대해 책임을 지게 되어 있다.

이 나라와 이 나라의 경제 제도는 국민들에게 가능한 한 최대의 자유를 인정해주고 있다.

모든 생활에서 그 자유를 누릴 수 있다. 다른 나라와 마찬가지로 미국 정부는 일하는 장소를 제한하지 않는다. 당장 오늘 하던 일을 그만두고 다른 일로 바꿀 수도 있다. 누구에게서 허가를 받을 필요도 없다. 자신의 돈을 투자하든 물건을 사든 팔든 시장에서 무역 거래를 하든 서비스업에 종사하든 그가 최선이라고 생각되는 길을 가면 되는 것이다.

 원하는 만큼 원하는 형태의 교육을 받을 수도 있다. 학교로 가든 공장으로 가든 정부는 간섭하지 않는다. 원하는 곳을 여행하며 살고 싶은 곳에서 살고, 믿고 싶은 종교를 택하면 된다. 그러나 이 모든 것에는 책임이 수반된다. 모든 미국 시민들에게는 자신이 신용을 얻든 비난을 받든 자유만을 선택할 수도 자유 없는 책임만을 강요받을 수도 없다.

 세 번째 원리는 책임은 항상 평가를 포함한다는 것이다. 사실, 책임과 평가는 어떤 의미에서는 동의어이다. 한 사람이 갖고 있는 능력과 행한 일에 대한 책임이 있다는 것은 그가 해놓은 일이 평가를 받는다는 뜻이다.

 이 나라가 무책임한 사회의 구렁텅이로 빠져들고 있다는 위험 신호는 개인 업적에 대한 평가를 반대하는 목소리가 여기저기서 높아지고 있는 것이다. 이런 견해는 교육 제도에서 분명히 나타나고 있는데, 점점 더 많은 교사들과 교육학자들이 성적표의 폐지를 주장하고 있다. 그 이유는 성적이 나쁜 학생들은 나쁜 점수 때문에 당혹스럽거나 굴욕감을 느낀다는 것이다. 점점 더 많은 학교에서 성적이 바닥에 있는 학생들에게 상처를 줄까 우려하여 성적표 제도를 폐지하자고 하는 것이다. 유감스러운 일은 나쁜 성적을 암암리에 인지시켜 주지 않고서는 좋은 성적에 대한 포상도 기대하기 어렵다는 것이다. 이러한 분위기 때문에 약한 자가 상처받을까 두려워 강한 자를 표창하지도 못하게 된다면, 전반적으로 성적은 점점 떨어질 것이다. 나아지려 하는, 좋은 점수를 받으려 하는 동기를 소멸시키게 되어 우리의 항로는 성공이 아닌 실패에 맞춰지게 된다. 대부분의 시간을 수준이 낮은 사람들에게 초점을 맞추게 되고 개인적 성취에 지대한 영향을 미치게 되는 우수지향적 성향, 즉 나아지려 하는 욕구를 아이들에게 심어 주는 노력을 전혀 하지 않게 되는 것이다.

다른 사람들 못지 않게 나도 열등한 학생들이 느끼는 부당한 굴욕감에 대해서는 우려를 하고 있다. 나는 사람들이 수줍어하거나 당황해 하는 모습을 별로 좋아하지 않는다. 그러나 만약 교사가, 혹은 공장장이나 팀의 코치 등 누구든 간에 열등한 것을 평가하지 못한다면 우수한 사람도 칭찬할 수 없게 된다. 그렇게 되면 누구도 자신에게 할당된 과제에 대해 책임을 지려 하지 않을 것이다.

많은 교육자들은 그들 자신이 평가받는 것이 싫어서, 성적표 폐지를 제안한다. 학교 교사들에게 학생이나 동료, 경영자들에 의한 솔직한 평가 제도에 자발적으로 참여하도록 요청한다면 애매모호한 대답을 듣게 될 것이다. 교사들이 원하는 그들 자신에 대한 평가 제도는 너무 불명확하고 어려워 아무런 의미도 없게 된다(교사의 능력은 20년 후 학생이 성장했을 때나 평가받을 수 있는 것이라고 어느 교육자는 주장한다). 그러한 주장은 직접적, 정기적으로 이루어지는 자신의 교육자로서의 자질에 따라 평가받고 책임져야 하는 평가에서 벗어나기 위함일 뿐이다. 이런 제도하에선 열등한 근로자들은 빈둥거리며 놀게 되고 우수한 근로자들은 의욕을 잃게 된다.

물론 학교 교사들만이 평가제도를 기피하는 것은 아니다. 이런 견해는 여기저기서 은근하게 나타나고 있다. '직업의 안정성'이란 말이 아무리 일을 못해도 해고할 수 없다는 뜻이라면 그것은 책임을 회피하기 위한 또 하나의 방법일 뿐이다. 자동적이고 일률적인 임금 인상은 대부분이 각자의 능력과는 상관없이 똑같이 평가받고 또 뜻 있는 평가제의 효율성을 무가치하게 만들어 버린다. 소수 민족을 고용하는 데 있어서 균등 할당 제도는 업무에 대한 직접 평가 제도를 무의미하게 하는 원인이 되기도 한다. 이런 풍조가 계속된다면 학교에서 직접 평가에 따른 상벌 제도를 시행해야 할 필요성이 시급히 대두된다.

아이들이 인생에 대해 배우게 되는 곳은 바로 학교이다. 즉 인생이란 좋든 싫든 행동에 대한 댓가가 반드시 따르게 되는 매서운 질책의 연속이라는 것을 배우는 것이다.

뿌린 대로 거두는 것, 이것은 삶의 기본 원칙이다. 자신의 행동에 대한 결과를 받아들이는 것이다. 이것은 자본주의의 부산물이 아니고 자연의 법칙일 뿐이다. 책임감은 인생이라는 옷감의 기본 재료가 되는 것이다. 우리 자녀들이 일의 원인과 결과, 상벌, 그들 행위에 대한 당연하면서도 피할 수 없는 결과를 빨리 받아들일수록 그들 인생은 더욱 더 윤택해질 것이다.

  책임감의 개념을 아이들에게 가르치지 않는 것이 그들을 위하는 것이 아니다. 성적이 좋든 나쁘든 똑같은 댓가가 주어지고 부지런하든 게으르든 똑같이 칭찬받거나 꾸지람을 듣고, 우수한 아이에 대한 혜택도 무능력한 학생에 대한 처벌도 없었던 안일했던 학교를 떠나게 될 때 그 학생들은 자신을 책임질 아무런 준비가 되어 있지 않게 된다.

  그것은 그 아이들에 대한 호의가 아니다. 그 아이들이 살고 있는 사회에도 좋을 것이 하나도 없다. 우리들처럼 그들 또한 책임에 대한 믿음을 가지고 있어야 한다. 왜냐하면 서로 어깨를 맞대고 살아가는 삶 속에서 우리는 서로에 대한 책임감에서 벗어날 수 없으며 궁극적으로 자신에 대한 책임에서 벗어날 수 없기 때문이다.

50 BELIEVE!

제 3 장

더 높은 곳을 향한 믿음

　암웨이 사에 영업 미팅이 있을 때면 리치 디보스의 연설은 필수적이다. 회의 소집 장소는 미니아폴리스 시 강당이다. 호텔 연회장이나 회의장이 아닌 시 강당이라니 암웨이 사가 영업미팅을 시 강당에서 갖는다니 놀랄만한 일이다.
　미팅 시간이 다가오면 그곳은 사람들로 붐비기 시작한다. 다소 들뜬 분위기에서 미네소타 지역과 그 부근에서 여러 종류의 사람들이 몰려 들어온다. 그들은 친구들을 데려 오기도 하고 서로 서로에게 인사하기도 한다. 7월 4일의 이 모임은 그들의 야유회고, 축하장이며, 토요일밤의 콘서트 같다. 또한 이곳은 미국의 한 단면을 그대로 보여주고 있다. 긴 머리, 짧은 머리, 어중간한 머리의 사람들, 정장을 입은 사람, 캐주얼 차림을 한 사람, 맞춤복, 기성복, 혹은 집에서 짠 옷 등을 입고 온 사람 등 그 모습은 실로 다양하다.

　하지만 더욱 의미 있는 점은 3천 명쯤 되는 사람들 모두가 온통 즐겁고 상기된 모습으로 어두운 얼굴은 찾아 볼 수가 없다는 것이다. 그들은 함께있는 것이 무척 즐거운 듯 보였다. 그들은 뭔가를 기다리고 있었다. 그들이 기다리고 있는 사람은 디보스 바로 그 사람이었다. 영업력을 강화하기 위해서 오는 것인가? 그들은 그것을 기대하고 있는 것인가?

　마침내 영화가 한 편 상영되고 간단한 소개가 시작되었다. 신사 숙녀 여러분, 우리 모두 기다리고 있던 사람, 리치 디보스를 소개합니다. 순간적인 큰 함성과 기립 박수, 이젠 확실해졌다. 그들이 여태 기다렸던 사람은 바로 이 사람 디보스였다. 디보스는 그 청중들을 실망시키지 않았다.

　그는 그들을 사랑하고 또 그들도 그것을 잘 알고 있다. 그들의 열광에 고무되어 다시 한번 마음을 다짐해 본다. 연단도 없고 준비된 원고도 없으며 어떠한 격식을 차리는 일도 없이 단지 마이크 하나만 있을 뿐이었다. 그들은 그가 하는 말 한마디 한 마디를 놓치지 않으려고 애쓰며 음미하고, 연설자 또한 그것을 느끼며 말을 한다. 그냥 지나는 길에 들렀던 사람도 그 분위기에 휩싸이게 된다. 몇 마디 농담을 하고 충고를 하고 그리고 몇몇 실적이 좋은 디스트리뷰터들을 치하한다. 그러는 사이 시간은 벌써 두 시간이나 흘렀고 그는 끝마무리를 한다. 적극적인 판매 광고도 하지 않았다. 설득력 있는 판매 권유가 있었지만 아무도 눈치채지 못했다. 판매 압력도 없고 그냥 펼쳐놓아 보이기만 하는 것이다. 그리고 밤 10시경에 그 미팅은 끝났다.

　디보스는 무대 앞에서 악수를 나누고 대기하고 있던 차에 날렵하게 올라타 공항을 향해 질주한다. 몇 분 후 도착한 공항엔 암웨이 전용 제트기가 대기하고 있다. 조종실 승무원들에게 인사를 하고 탑승한 후 제트기는 미시건호 상공을 날아 그랜드 래피즈를 향해 간다. 새벽 1시경엔 격납고에 도착해 있을 것이고, 2시경엔 잠자리에 들 것이다. 그리고 아침 8시 또 하루를 시작하기 위해 출근할 것이다.

54 BELIEVE!

⊙더 높은 곳을 향한 믿음

 어떤 일들이 잘 풀리지 않을 것 같은 생각이 들었을 때 실제로 그 일이 잘 안 되는 경우가 많다는 것을 경험해 본 적이 있는가? 나의 경우엔, 나쁜 일이 일어날 것 같은 기분이 들었을 때는 결코 그 예상이 어긋난 적은 없었다. 얼마만큼 기다려 보면 결국 내가 우려한 일이 벌어지게 된다.
 그러나 그 반대의 경우도 있다. 좋은 일이 일어나리라 생각하면 그렇게 된다. 내가 해야 할 일은 그저 기다리면서 좋은 일이 일어나기를 열망하기만 하면 된다.
 열망한 대로 이루어지기까지는 그렇게 오랜 시간이 걸리지 않는다.
 인생이란 그런 것이다. 우리가 예측해 보며 기대한 것엔 응답을 해 주는 것이다. 아이들에게 도둑놈이라고 자꾸 부르면 그 소년은 결국엔 무엇인가를 훔치게 된다는 말은 심리학자들의 한결같은 주장이다. 항상 멍청이라고 불리는 학생은 머지않아 멍청이가 되고 어떤 일에 대해 몹시 걱정을 하게 되면 그 일은 걱정한 대로 된다. 인생살이라는 것이 부침의 연속이기 마련이어서 좋은 시절이 있으면 나쁜 시절도 겪게 되고 슬픈 일에 마음 아파 있을 때면 어느 순간 기쁜 일도 생기게 된다. 실패하고 성공하고 울고 웃고 또 이 세상이 어떤 이에겐 축복이고 어떤 이에겐 저주이고 간에 저마다의 이유가 없는 사람은 아무도 없다.

  나는 더 높은 곳에 설 수 있음을 믿는다. 내가 선택한 인생을 읽을 수가 있다면, 긍정적인 구절에는 빨간색으로 밑줄을 긋고, 부정적인 구절들은 보지도 않고 건너뛸 것이다.

  나는 낙관론자이다. 물론 내 인생에도 슬픔은 존재하고 항상 즐거울 수만은 없다. 그러나 수십여 년 동안 살아온 경험에 비추어 보면 평균적으로 나쁜 일보다는 좋은 일이 더 오래 기억된다. 옛날 노래 중에 이런 가사가 있다.

  긍정적인 것은 강조하고, 부정적인 것은 치워버려라.

  19세기 초 영향력 있던 목사였던 찰스 시몬즈는 다음과 같이 얘기했다.

"흔들리는 믿음과 신념 없는 사고, 자신 없는 행동을 하는 부정적인 성격 대신 긍정적인 믿음과 사고, 그리고 긍정적으로 행동할 수 있는 긍정적인 성격을 갖도록 해 주십시오!"

행복해지고 윤택해지고자 하는 사람에게 상승 욕구란 사치스러운 것이 아니다. 절실한 갈망일 뿐이다. 인생을 바라보는 관점은 그 사람이 어떻게 느끼고, 어떻게 행하며 얼마만큼 다른 사람들과 잘 어울리는가를 결정하기 때문이다. 부정적인 사고와 태도는 서로를 병들게 하여 결국엔 이 세상을 냉혹한 곳으로 생각되게 만든다.

한번은 기름을 넣으려고 주유소에 차를 대었다. 화창한 날이었고 컨디션도 좋았다. 주유소 안으로 들어가자 대기하고 있던 점원이 의아한 듯 물었다.

"기분이 괜찮으세요?"

"아주 좋은데요."

"어디 편찮으신 것 같아요."

라고 그가 말했다. 상상해 보라. 이 점원은 의사도 아니고, 간호사도 아니다.

이번에는 좀 자신없게 대답했다.

"아니 괜찮아요. 컨디션은 좋은데."

그가 말했다.

"얼굴색이 안 좋아요. 창백해 보여요."

주유소를 나와 시동을 걸기 전에 거울에 내 모습을 비춰보았다. 그리곤 결국 내 상태가 좋지 않아 보인다고 결론지었다. 간이 나쁠 수도 있고 어딘가 병이 들어 있는데 내가 그것을 모르고 있는 것이라고 생각했다.

다음 번에 다시 그 주유소를 들렀을 때에야 비로소 그 의문이 풀렸다. 주유소는 새로 페인트 칠을 해 놓았는데 그 색깔이 칙칙한 황색이라 그 곳을 들어서는 사람들은 모두들 병자처럼 보였다.

중요한 것은 전혀 모르는 사람이 내게 던진 한 마디가 그 날 나의 하루에 영향을 미쳤다는 것이다. 그는 내가 아파 보인다고 했고, 그 이유를 확실히 알기 전까지는 실제로 어디가 아픈 것처럼 느껴졌었다. 부정적인 말 한 마디의 영향이 얼마나 큰 것인가!

여성들의 경우, 한 번밖에 안 입고 옷장 속에 처박아 놓은 옷이 몇 벌씩은 꼭 있다. 그 옷을 다시 찾아 입는 일은 절대 없는데 그 이유는 처음 그 옷을 입고 나섰을 때 아무도 칭찬을 한 사람이 없었기 때문이다. "어머, 정말 멋진 옷이군요."라고 말한 사람이 아무도 없었고 누구도 눈길을 주지 않았다는 것이다. 많은 사람들의 기립 박수가 필요한 것은 아니다. 단지 한두 사람만이라도 "정말 잘 어울려."라고 말했다면 그 옷을 옷장 안에 처박아 두지는 않았을 것이다.

긍정적인 사고로 밀어붙이는 것만큼 힘을 발휘하는 것은 없다. 미소는 낙관론과 미래에 대한 희망을 상징한다. 일이 너무 힘들 때 넌 할 수 있어라는 말 한 마디는 부정적인 생각에 휩싸이게 하지 않고 낙관적이며 건강한 사고로 더 높은 곳을 향할 수 있게 해 준다.

미국은 전통적으로 상승 욕구가 강한 나라이다. 우리들은 이 나라에서 세상을 긍정적이고 희망에 찬 곳으로, 또 우리 자신과 다른 동료들을 호의적으로 생각하려 한다. 지난 몇 년 동안 그런 긍정적이고 낙관적인 사고 방식을 점점 잃어가고 있는 것 같다. 비판적이고 회의적이며 절망적인 예언만 일삼는 사람들의 목소리가 높아지고 있다.

 얼마 전에 국내에 잘 알려진 비평가가 어느 대학에서, 현대인들과 요즘 세태가 잘못되어 가고 있다는 취지로 연설을 했다. 그리고 학생들의 기립 박수를 받았다. 단지 현재의 지도자들과 제도 관습들을 모조리 헐뜯음으로써 갑자기 영웅이 되어 버린 것이다. 우리가 이 체제와 관습, 제도, 학교와 종교 심지어는 사람들끼리 멸시하고 헐뜯고 혹평을 일삼는 데 많은 시간을 소비하고 나면 정작 그 제도와 조직이 가지고 있는 문제를 해결할 힘과 용기는 나오지 않는다.

 학교에 대해 불평만 일삼는 학생들은 더 좋은 학교를 만들기 위한 모임에는 참석도 하지 않는다. 좋은 친구가 있더라도 항상 그 친구의 잘못만을 들추려 한다면, 그를 좋은 친구로, 더 나은 사람으로 만들 수는 없을 것이다. 그 사람은 내내 불평만 하고 헐뜯기만 하는 사람이 되어 버린다. 큰 소리로 불만만 늘어 놓으면서도 해결하려고는 하지 않는다.

 문제를 발견하는 것은 그리 어려운 일이 아니다. 문제는 어디에나 있으니까 말이다. 그 문제와 씨름하며 해결해 보려고 애쓰는 사람들의 노고는 무시하고 목소리 큰 비평가들만을 영웅시 하는 것은 또다시 가공할 만한 오류를 만들게 되는 것이다.

뉴욕의 브로드웨이 극장에서 새 연극이 막을 올린다. 그 연극을 무대에 올리기 위해 몇 달 동안 심지어 몇 년 동안 사람들은 그 연극에 혼신의 힘을 쏟아 붓는다. 후원자를 찾고 대본을 만들고, 음악을 작곡하고, 극장을 빌리고, 배역진은 대사를 외우고 몇 주 동안 리허설을 거친다. 드디어 막이 오른다. - 무대장치, 조명, 연출, 분장, 음악, 객석 안내, 막 담당 등 - 수없이 많은 사람들이 관중들에게 뭔가 새로운 것을 선보이고자 정열을 쏟아 부었다.

그러나 관중 속 어딘가에 서너명의 비평가들이 앉아 있다. 이 연극이 그들 맘에 들지 않으면 그것으로 이 연극의 생명은 끝나 버린다. 개막 공연일 밤, 연극 배우들은 그들이 잘 가는 조그만 아지트에 모여 조간 신문이 나오기만을 초조하게 기다린다. 그들 공연이 잘 됐는지 못 됐는지 신문에 실린 평을 읽는다. 그들 연극이 몇 주 공연하다 슬그머니 막이 내리게 될지, 아니면 히트를 치며 롱런을 기록하게 될지는 이 너댓 명의 비평가의 글에 달려 있다는 것을 알기 때문이다.

이 사회가 이 비평가를 영웅으로 만들어 내지 않는다면 문제될 것이 없다. 비평가는 비평을 하는 것이 당연하고 그것은 정당한 그의 의무이다. 그는 그 임무를 수행하는 것뿐이다. 그러나 그 연극을 쓴 극작가보다도 그 비평가의 헐뜯는 일을 더 높이 사는 풍조가 만연된다면, 잘못된 일을 장려하는 꼴이 되어 버린다. 무엇을 창조해 내기보다는 비평하는 것이 훨씬 더 쉽다. 마찬가지로 물건을 생산해내기 보다는 흠을 잡는 것이 훨씬 더 쉽다. 비평가를 떠받들기 시작하면 이 나라는 비평가 천국이 되어 모두들 흉내나 내고 창조하려고 하지 않게 된다. 비평가의 도마 위에 오르기보다는 차라리 아무 일도 안 하는 쪽을 택하게 되는 것이다.

그러나 내 말을 오해하지는 말라. 비평가들이 본연의 임무만을 수행할 수 있는 분위기를 우리가 만들어 나간다면 비평가는 필요한 존재이다. 임무를 수행하는 사람들에게 초점이 맞춰지는 것이 아니고 제 역할을 하고 있는 사람을 헐뜯는 사람들에게 초점이 맞춰지는 것이 큰일이다.

우리는 문제를 해결해 나가는 사람은 믿지 못하면서 문제를 지적만 하고 있는 사람을 칭찬한다. 그렇게 되면 이 나라는 불평불만만을 늘어놓는 사람들의 나라가 되리라는 것은 불 보듯 뻔한 일이다. 다들 공허한 말만을 일삼으며 직접 발로 뛰어 다니며 무엇인가를 하려는 사람의 기를 꺾는 젊은 세대를 만들어 낼 것이다.

랄프 네이더는 차 한 대 만들지 않았다. 그는 매년 수천만 미국인들이 지불할 수 있는 가격으로 자동차를 대량생산하는 데 대한 복잡함에 대해서 아는 바가 거의 없는 사람이다. 당신의 차나, 집, 남편 혹은 아내의 흠을 잡는 데 그렇게 많은 말이 필요한 것은 아니다. 힘 안 드는 몇 마디로 그들을 비평할 수 있다. 누구라도 그 일을 할 수 있다.

정말로 나를 감동시킨 것은 자동차가 가지고 있는 문제가 아니고, 모든 조립 라인을 한 바퀴 돌아 완성된 차가 보여주는 놀랄만한 기술 체계이다. 큰 소리와 소음으로 가득 찬 그 공장에서 일하는 사람들에게 경탄을 금치 못한다. 전국의 여러 공장에서 만들어진 부품을 모아 한데 조립하는 그 방법에 경탄할 뿐이다.

팀북투에 있는 공장에서 누군가가 그릴을 만들고, 누군가는 스테레오 잭을 제자리에 꽂는다. 어떤 이는 배선 장치를 장착하고 누군가는 자동차 핸들에 길고 가는 금속 조각을 붙이고 승차감을 좋게 하기 위해 충격 흡수 장치를 시험한다.

전국의 여러 공장과 소규모의 작업장에서 누군가가 그 모든 것들을 모아 조립해서 고르게 잘라 놓은 목재처럼 완성되어 나온다. 그래서 사람들이 자체 내장되어 있는 냉난방 장치와 수십 개의 안전 장치, 그리고 상상하지도 못했던 편안한 승차감을 느끼며 시속 100 마일의 속도로 달릴 수 있게 하는 모든 기능을 갖춘 1 대의 차가 나오는 것이다.

공장에서는 대부분의 사람들이 한 라인에서 같이 일을 하므로 시계 태엽 장치처럼 모든 일이 한꺼번에 이루어진다. 스테레오 장치는 곧 뒤의 스피커와 연결되고, 시트는 도료일과 같이 하고 크롬 도금도 곧바로 되고 타이어도 제대로 끼워진다. 수천 개의 부품들이 한꺼번에 조립되어 놀랍고 신기하게도 모든 작업이 동시에 완성된다.

내겐 그 일을 하는 사람들이 진정한 영웅으로 보인다. 단단한 벨트를 섬유 유리 타이어 안에 끼워 넣는 방법을 고안해 낸 사람이 영웅이다. 기존 것보다 2배로 오래 쓸 수 있는 자동차 소음기를 고안해 낸 인물, 그가 바로 영웅이다.
 랄프 네이더도 훌륭한 사람이다. 그도 우리 사회에서 한 몫을 담당하고 있다. 그는 파수꾼이고, 전문적인 비평가이며, 마땅히 존재해야 하는 인물이다. 그렇다면 그가 이 책에서 얘기하고자 하는 영웅인가? 그렇지 않다. 진정한 영웅은 우리 나라에 수십 년 동안 생산물과 서비스를 제공해 왔던 사람들이다. 긍정적으로 훌륭한 일을 해 낸 회사 경영진들, 과학자들, 디자이너들 그리고 근로자들과 가정주부 등 그들이 없었다면 아무 것도 이루어진 것이 없었을 것이다.
 내가 랄프 네이더를 싫어하는 것은 아니다. 항상 무엇이든 깎아 내리려고만 하고 흠만 잡으려 하는 그에게 좀 지쳤을 뿐이다. 그리고 그러한 사람에게 대중 매체가 할애하고 있는 시간과 관심도가 비평과 냉소주의를 이 나라에 퍼지게 해서 진정으로 창의적이며 뭔가 시도해 보려는 낙관론자들의 의욕을 꺾어 버리게 되지나 않을까 걱정스러울 뿐이다.
 부정적인 관점(downward look)이 몇몇 이름 있는 비평가들에게 국한된 것이라면 문제는 그리 심각하지 않다. 그러나 일반인들이 그들의 부정적인 태도를 수용하고 따르게 되어 병들어 보이는 칙칙한 황색으로 칠해진 주유소의 경우에서와 마찬가지로, 병든 인생관은 그들 주변의 모든 사람들에게 영향을 미친다. 직장에서, 혹은 커피숍에서, 출근하는 지하철이나 버스에서, 사람들이 하는 얘기에 귀를 기울여 보자. 세상이 어떻게 돌아가는지에 관해 얘기하고 싶어하는 사람이 하나씩은 꼭 있게 마련이다. 처음엔 경제문제를 언급하고 다음엔 범죄문제, 다음엔 요즘 아이들은 버르장머리가 없다는 얘기, TV에서 재방송을 너무 많이 한다는 얘기, 또는 물가가 너무 빨리 뛰어 살아가기 힘들다는 얘기 등등. 토마스 셰퍼드라는 사람은 이런 종류의 사람을 일컬어 항상 불만족인 사람들의 부류로 묶는다. 그들은 항상 좋았던 그 시절만을 회상하며 돌아갈 수 없음을 한탄스러워 한다.

그러나 정말 그 시절이 훨씬 더 좋았던가 셰퍼드의 지적에 의하면 160년 전 평균 수명은 38세였고, 주당 근무 시간은 72시간, 평균 연봉은 275달러였다. 가정 주부들은 일주일에 98시간 일했고 접시 닦는 기계도 진공 청소기도 없었다. 일반 사람들은 평생 오케스트라의 음악 한번 들어보지 못했고, 고향에서 200 마일 이상 떨어진 곳은 가 보지도 못했다. 그런 것들이, 그렇게 좋았던 그 시절이란 말인가 형편이 그때보다 나아졌음을 받아 들이는 것이 좋다. 우리는 전세대보다 여러 면에서 훨씬 발전했고, 또 계속 발전을 거듭하고 있다.

미시건 호에 고등학교 학생 몇 명을 태우고 여행한 적이 있었다. 그 때는 우주인들이 최초로 달에 착륙한 그 무렵이었다. 학생 하나가 내게 말했다.

"거기에 돈을 투자하는 것은 쓸데없는 것이예요. 이 지구에 쓸 돈도 없으면서."

난 그에게 말했다.

"달에 우주선을 착륙시키는 프로젝트에 쓴 돈은 4억 4천 5

백만 달러나 되었는데. 그 돈으로 무엇을 했어야 할까?"
그는 곧 대답했다.
"가난의 문제부터 해결해야 한다고 생각해요."
"좋아, 그러면 가난을 어떻게 해결할 수 있을까?"
그 질문에 잠깐 머뭇거리다가 슬그머니 대답했다.
"잘 모르겠네요."
"빈곤 문제를 해결하는 데 얼마가 필요한지 말해주면 내가 마련해 주지."
그는 말했다. 어디서 돈을 구할 것이냐고 물었다.
"해결책만 제시해주면 돈을 구해다 주겠어. 내 약속하지.'
그러자 활발한 토론이 시작되었다. 왜냐하면 막연하고 일반적인 불평은 이제 그만 두고 그가 빈곤문제라고 부르는 것을 명확하고 좀더 세세하게 바라볼 수 있도록 했기 때문이다. 그 문제만을 강조하는 대신에 해결책을 생각해보기 시작했다. 이제 그는 계속해서 비평만 해대는 비평가로서가 아니라 그 문제에 직접 뛰어드는 문제 해결사로서의 역할을 시작한 것이다. 그리고 그가 그렇게 했을 때에야 비로소 그가 걱정해왔던 문제들에 관하여 건강하고 건설적인 토론을 할 수 있게 되었다.

멀리 바라보고 높이 생각한다는 것이 쉬운 것은 아니다. 그러나 인생의 부와 사랑의 기쁨, 인생에 대한 설레임 등은 오직 높이 바라보는 데서 비롯되는 것이다.

신나는 세상이다. 기회로 꽉 차있는 세상. 매 순간마다 커다란 기쁨이 우리를 기다리고 있다. 높은 곳을 바라볼 수 있는 세상 그 희망이 이루어 놓은 세상. 아니오라는 말 외에는 더 이상 진전이 없는 비평가나 냉소주의자들의 얘기는 들을 만큼 들었다. 잘못 된 부분만을 주시하는, 그래서 일약 전문가가 되고 이 시대의 영웅으로 부상한 그런 예술가들의 얘기도 충분히 들었다. 인생에는 부정적인 부분보다는 긍정적인 부분이 훨씬 더 많이 차지하고 있다. 인생이란 좋은 것이고 사람들도 선하다는 것을 믿는다. 매일 아침 눈을 뜨며 나는 자신에 넘쳐 의욕적으로 하루를 보낼 것을 확신한다.

제 4 장

자유 기업체제에 대한 믿음

 암웨이 스토리는 우리들의 꿈과 희망으로 만들어진 것이다. 미국인들 성공담의 표본이며 백만 달러짜리 회사가 하룻밤 사이에 생겨나는 거짓말 같은 사실이다.
 헐리우드의 각본 같은 냄새가 나지만 실재하는 이야기이다. 그러나 암웨이 사는 리치 디보스와 제이 밴 엔델의 지하실에서 탄생되었다. 그들은 1959년부터 시작해서 40여년 동안 같이 일했다. 그들은 캘리포니아에 적을 둔 뉴트리라이트 사에서 성공적인 디스트리뷰터쉽을 발전시켜 왔다. 1959년경 그들은 아내와 함께 자영업을 준비했다.
 밤새 머리를 맞대고 생각해 암웨이 사를 설립하게 된 것이다. 그 후의 이야기는 가히 놀랄만하고 폭발적인 성공에 관한 것이다. 처음에 이들은 허름한 지하실에서 시작하였으며, 주유소를 개조해서 쓰기도 하다가 2에이커에 이르는 조그만

공장을 갖게 되었다. 20년 후에 암웨이 공장은 300에이커의 공장 부지에 백만 평방 피트를 차지하게 되었다. 모든 제품은 완전자동으로 생산되어 수십 대의 견인 트레일러에 의해 전국에 퍼져있는 대형 창고로 옮겨졌다. 병, 라벨, 상자 등 암웨이의 디스트리뷰터들에게 필요한 제반 물품들조차도 암웨이 사내에서 만들어졌다.

거대한 컴퓨터 센터가 모든 기능을 완전자동으로 작동될 수 있도록 한다. 암웨이 직원은 생산 현장과 연구팀, 자문단, 자료 분석 팀 등을 포함하여 2만여 명에 이른다. 공장내에는 새 상품과 품질 관리를 하는 연구소와 인쇄소, 사진관 등과 모든 시험 장비도 갖추고 있다.

암웨이 사를 이 만큼 성장시키는 데에는 영업 능력이 결정적인 역할을 하였다. 줄잡아 360만에 이르는 암웨이 디스트리뷰터, 그들이 벌어들이는 돈은 연간 100만 달러에 이른다. 디보스와 밴 엔델은 전국에 걸쳐 영업회의나 컨벤션, 세미나를 통해 이 디스트리뷰터들과 계속해서 접촉을 가져왔었다. 회사 사무실은 번쩍이는 자유기업 센터에 경관 좋은 지역을 차지하고 있어 첫해에만도 2만 4천 명의 고객을 유치했다. 회사 임원진들은 암웨이 사 지부가 퍼져있는 전국을 순회한다. 24시간 내내 가동되는 전용 제트기, 버스 그리고 엔터프라이즈라는 이름의 128 피트짜리 요트 등 교통 수단도 다양하다. 암웨이 사는 자유 기업과 아메리칸 드림의 가시적 표본인 것이다.

⊙자유기업체제에 대한 믿음

 미국인이 매일같이 향유하면서도 잊어버리고 있는 제일의 축복이 무엇인가를 묻는다면, 난 의외의 대답을 할 것이다. 그것은 우리가 숨쉬고 있는 공기도 아니고, 믿고 있는 종교도 아니며, 매일 아침 떠오르는 태양도 아니다. 가족간의 사랑도 이웃간의 친목도 아니고, 우리의 건강이나 정치적인 자유도 아니다. 미국인들의 생활을 가장 많이 지배하면서도 그들이 거의 느끼지 못하고 있는 축복은 바로 자유 기업 체제이다.
 '자본주의'란 우리 세대에는 달갑지 않은 단어로 인식되어 있으며, 그것은 아주 수치스러운 사실이다.
 불행하게도 '자유기업' '이윤' 또는 '자본주의'란 말은, 배고픈 다수가 점점 더 피폐해져 가는 동안에, 돈을 굶주린

산업자본가들이 그들의 주머니 속에 지폐를 뭉텅이 채로 집어넣고 있는 모습을 연상시킬 뿐이다. 자유기업은 반세기 동안 저질러진 모든 만행의 속죄양이 되어 가고 있다. 1980년대의 모든 폐해는 여기에서 비롯되었다고 비평가들은 말하게 될 것이다. 공기와 물은 이 자본주의로 인해 더럽혀졌고, 사람들 또한 이 자본주의 때문에 가난해졌고, 또 이 자본주의가 전쟁을 일으켰다고들 할 것이다. 자유기업체제는 이 사회의 악이며, 이 사회 전체를 오염시킬 것이라는 비평가들의 논란은 계속될 것이다.

이 무슨 무지의 소산이란 말인가! 자유기업체제에 대한 무지는 불행을 자초하는 것이 될 것이다. 사실상 자유기업체제는 세계의 경제성장을 이룩하는 데 커다란 기여를 했고 이 혼돈의 시대가 요구하는 모든 요건들을 충족시키고자 했다. 이 시대를 사는 우리는 다시 한번 자유기업체제에 대한 확신을 가지고 그것을 지지하며, 그것이 낙관적인 미래를 약속하는 축복임을 우리 자녀들에게 알리고 가르쳐야 할 것이다.

한 나라의 경제 제도가 그 나라의 정치, 종교, 문화를 지배한다는 것을 너무 많은 사람들이 간과하고 있다. 이것은 아주 위험천만한 일이다. 한 나라의 경제는 그 외 다른 분야의 디딤돌이 되어 그 나라의 전반적인 생활체계를 형성해 주는 밑거름이 된다. 많은 미국인들은 관련성 없는 모든 문제들은 단지 경제학자나 정치 과학자들이나 관심 갖고 논쟁해나가야 할 과제라고 생각하기 때문에 자유기업체제 안에서 누리는 혜택을 느끼지 못하고 있다. 그들은 화려한 색상의 옷을 구색 맞춰 입고, 값비싼 카페트가 깔린 쾌적한 사무실이나 공장을 다니며 최고급 자가용을 끌고 고속도로를 달려 퇴근한다. 그곳엔 넓디 넓은 잔디가 깔려 있고 그곳에서 스테이크 정식으로 식사를 한 후 킹 사이즈 침대가 있는 침실로 들어간다. 이 모든 것이 자유기업체제이기에 가능하다는 생각은 전혀 하지 못 한 채, 수십 개의 채널을 골라가며 뉴스를 듣고, 믿고 싶은 종교를 골라 믿고 자선을 베풀 수도 있다. 그리고 가끔씩 사회주의체제가 더 괜찮은 체제가 아닐까 생각하기도 한다. 그들은 잘 알지 못하는 흑심 많은 어느 정치인이 엄청난 자본주의의 악폐에 대해, 또 그 이기심을 조장하는 이 체제에 대해 혹평을 서슴지 않을 때, 그가 옳을지도 모른다고 생각해 보기도 한다.

난 여러분들이 자유기업체제를 다시 한번 믿어 볼 용기를 가졌으면 한다. 문제는 여러분들이 그것에 대한 믿음을 가지고 이해하며 그것의 실체를 파악해야만 하기 때문이다.

자유 기업은 우리가 국민의 자유는 조물주에게서 물려받은 권리라는 것을 인식했을 때, 그리고 자유는 정부의 형태로 보호받게 되는 것임을 인식했을 때, 비로소 생겨나게 된다. 자유기업체제에서 제조업자나 사업가는 자신의 재화로 자신이 직접 위험을 감수하고 자신의 상품 가치를 매기고, 자신이 결정해서, 소비자들에게 그 제품과 그 가격이 얼마만큼 설득력이 있었는가에 따라, 제조업자가 돈을 벌 수도 망

할 수도 있게 된다. 그 회사가 범죄를 저질렀거나 공공이익을 해치지 않은 이상 정부는 그 회사가 자신들의 이익을 추구하도록 내버려 두어야 할 것이다.

자유기업체제의 단 하나의 대체물은 사회주의이며, 더 극단적으로 말하면, 공산주의가 된다. 이 체제하에서 정부는 도구와 공장을 소유하며, 가격을 책정하고 근로자를 고용한다. 또 정부가 일방적으로 정한 가격으로 제품을 일반에게 공급한다.

그러나 현재 미국은 자유기업체제와 완벽한 사회주의체제 사이의 절충된 사회체제로 변해가고 있다. 계속 증가추세에 있는 기업에 대한 정부의 간섭, 정부에 의한 더 많은 법규 제정, 더 많은 기업의 국유화, 그리고 중요치 않은 기업들의 계획적인 파산 등이 이 추세를 보여준다.

경제 체제를 평가할 수 있는 결정적인 방법은 풍부한 생산성에 있다. 일반에게 무엇을 제공할 수 있는가? 일반 시민들의 생활수준을 어느 정도까지 보장해 줄 수 있는가? 이런 기준으로 비교해 본다면, 자유기업체제는 다른 어떤 나라보다도 생산을 많이 해왔다. 그것은 지금도 계속되고 있다. 역사상의 어떤 다른 경제체제하에서 보다도 더 많은 재화를 국민들에게 제공하고 있는 것이다.

뉴욕타임 지에 나타난 수치상의 비교를 검토해 보자. 미국에서 중형 오토바이 한 대의 가격은 근로자 한 사람의 백일분 임금에 해당하는 반면, 소련에서는 천일분 임금에 해당하는 가격이다. 소형 냉장고의 경우 미국에서는 32시간 임금인 반면 소련에서는 343시간, 중형 세탁기는 미국에서는 53시간, 소련에서는 204시간, 칼라 TV는 미국 노동자들이 147시간 일한 것과 맞먹는 반면, 소련에서는 1,100시간에 해당한다. 이런 비교는 얼마든지 가능하다.

하지만 그 결과는 똑같다. 즉 미국의 경제체제가 사회주의나 공산주의 등의 경제체제보다 노동량에 대한 댓가가 훨씬 더 크다는 것을 알 수 있다. 월등히 뛰어난 경제체제라는 것이다. 그 노동력이 몸으로 직접 행하는 육체 노동이든, 경영 혹은 창의적 능력이든, 각 개인이 생산해 낸 노동력에 대한 댓가를 받는다.

미국의 인구는 고작 세계 인구의 6%에 지나지 않고, 소유한 땅은 7%에 지나지 않는다. 그러나 그렇게 작은 땅에 작은 인구로 미국은 세계 전체 자동차의 45%를 소유하고, 모든 전화의 60%, 모든 라디오의 30%, 모든 TV세트의 80%를 소유하고 있는 것이다. 제조부문에서도, 지구상 총 철강 생산량의 25%, 전기의 40%, 옥수수의 50%, 천연 가스의 50%, 소고기의 30%, 그리고 지구상 알루미늄의 40%를 생산하고 있다. 세계 인구의 6% 정도밖에 안되면서 이처럼 많은 양을 생산하고 있다는 것을 생각해 보라.

물론, 어떤 사람이 미국의 자유기업체제가 놀랄만한 우수성을 보여주는 통계를 인용하는 경우 비평적인 사람들이 문제삼는 것은 '삶의 질'이다. 그들은 그 같은 물질적 풍요에도 불구하고 자본주의 하에서의 '삶의 질'은 형편없는 것이라고 주장한다. 그러나 굶주림에 허덕이면서 삶의 질을 논한다는 것은 실질적으로 불가능한 일이다. 먹고사는 것을 해결하기 위해 일주일에 80시간을 일해야 하는 사람이 좋은 책이나 훌륭한 음악, 교향악 또는 자극적인 지적 환경에 대해 관심을 보이기는 힘들다. 자신의 민생고를 해결하기 위해 온 종일 노동을 해야 하는 사람이 '삶의 질'에 대해 걱정할 시간이 어디 있겠는가?

미국의 문맹률이 세계에서 가장 낮은 것은 사실이다. 기독교 신자도 가장 많고, 대졸 학력자도 가장 많다. 먹고사는 일을 걱정하는 대신 삶의 풍요로움을 위해 쓰는 시간과 돈도 가장 많다. 발전된 의학 연구, 젊은 층을 위한 레크리에이션 프로그램, 병원과 교회, 학교와 박물관, 매달 해외로 수백만 달러를 보내주는 기구, 이런 모든 것은 기본적인 생활필수품을 해결하고도 남는 물질적 풍요를 이루게 해주는 자유기업체제 하에서나 가능하다. 사회주의에는 이런 미국식 체제는 없다. 정부 외에는 아무도 베풀 수 있는 것이 없기 때문이다.

그래도 이 체제가 완벽한 것만은 아니다. 많은 사람들이 비판의 대상으로 삼는 점은 부익부의 조장이다. 가진 자는 더 많이 갖기를 원하기 때문이다. 한번은, 대학에서 자유기업체제에 관해 강의를 하는데, 한 학생이 내가 타고 다니는 캐딜락에 관해 물었다.

"당신은 그렇게 가난한 자들을 걱정하는데, 당신이 몰고 다니는 그 캐딜락을 먼저 팔아 버리는 것은 어떨까요?"

그 학생은 부자가 덜 갖게 되면 가난한 자가 더 갖게 될 수 있다는 잘못된 견해를 가지고 있었던 것이다. 물질적 풍요를 누린 사람들이 덜 갖게 되면, 모두다 그 만큼씩 덜 갖게 된다. 기차에서, 승무원 칸이 여객 칸을 따라잡게 하기 위해 기차를 멈춘다 하자. 그 일이 가능하리라 생각하는가? 부자가 가난해지면 그 외의 사람은 더 가난해지게 된다.

내가 캐딜락을 구입함으로써 많은 사람들에게 일자리를 제공할 수 있는 것이라고 학생들에게 설명했다. 내가 가난해지면 그들 누구도 부자가 될 수는 없다. 농부가 농산물에서 얻는 것이 별로 없으면 식품 값은 싸지지 않는다. 농부가 의욕을 갖지 못하면 농산물을 덜 생산하기 때문에 농산물 값은 더 비싸질 수밖에 없다. 미국이 더 가난해지면, 아프리카의 가난한 나라들은 더 이상 나아질 수 없다. 우리 모두 다 더 가난해지는 것이다. 못 가진 자의 주머니가 두둑해지는 단 하나의 방법은 더 많은 상품을 생산해 내는 것이고, 더 많이 생산해 내기 위해선 사람들이 열심히 그리고 더 효율적으로 일할 수 있게 동기부여가 되어야 한다.

그러한 동기부여가 똑같이 이루어지는 곳에서도 다른 사람보다 좀더 많이 가지게 되는 사람이 있게 마련인데, 그런 사람들은 그 만큼 더 벌기 위해 조금 더 열심히 일하기 때문이다.

풍족한 사람들이 가난한 사람들을 이용하거나 학대하지

자유 기업체제에 대한 믿음

못하도록 하는 것은 국가의 책임이다. 그러나 그 사람들이 가난한 자를 위해 덜 가져야 한다는 것은 잘못된 도리이다.

　사회주의가 모든 사람의 평등을 주장하기 때문에 그것을 훌륭한 체제로 환호하며 받아들이는 사람들의 얘기도 어느 정도는 일리가 있다. 사회주의 하에서 만인은 평등하다. 똑같이 가난하니까! 그것은 역사가 증명해 주고 있고, 명백한 사실이니 논박할 꺼리도 못 된다.

　어떤 체제하의 상품보다도 미국의 상품이 월등히 우월한 데 대해서는 어떻게 설명할 수 있는가? 천연자원이 풍부한 때문도 아니다. 만약 풍부한 천연자원 덕으로 잘 살게 된 것이라면, 다른 나라들이 곧 따라 잡았을 것이다. 미국인들이 더 똑똑하고 강하고 더 근면하기 때문도 아니다. 500년의 역사는 이 지구상에서는 신출내기나 마찬가지다. 그렇다면 도대체 미국의 엄청난 생산력의 비결은 무엇인가?

　그것은 국가의 사회구조체제이다.

　생산 도구를 개인이 소유하여 스스로 만들어 내도록 하고 있는 이 체제 때문이다. 더 많이 만들어 내는 사람이 덜 만들어 내는 사람들을 앞지를 수 있도록, 더 잘 살 수 있도록 허용하고 있는 이 체제 덕분이다. 생산성에 대한 동기 부여 문제는 후에 또 거론될 것이다. 지금은 생산도구의 사유화의 중요성에 대해서만 살펴보자.

　빈부의 차이를 낳는 것은 생산도구이다. 그 도구란 망치가 될 수도 있고 포크레인이나, 견인 트레일러 트럭, 컴퓨터, 콘

베이어 벨트가 될 수도 있다. 인간이 힘을 가해 더 많이 생산해 내도록 사용하고 있는 기구나 설비 등을 의미한다. 전 세계의 모든 인간은 일을 하는 데 필요한 에너지나 지식, 의욕 등은 거의 비슷하다. 이태리인, 인도인, 체코인, 러시아인, 아르헨티나인. 그 모든 이들이 기본적으로 가지고 있는 에너지와 능력은 거의 비슷하다. 그러나 도구를 가진 사람은 안 가진 사람보다 더 많은 일을 할 수 있다.

땅에 구멍을 파는 일도 맨손으로 8시간 동안 할 수도 있다. 그러나 곡괭이 하나만 있으면, 그 시간에 훨씬 더 큰 구멍을 팔 수 있게 된다. 그것은 그가 훌륭한 사람이라든가, 인간적인 가치가 뛰어나서 하는 것과는 하등 상관이 없다. 그저 좋은 도구를 가진 것뿐이다.

쟁기를 하나 들고 노새를 끌며 하루에 1 에이커의 밭을 가는 스페인 농부는 강한 힘을 가지고 있는 트랙터에 앉아 일주일에 일천 에이커를 가는 캔사스 농부와 다를 바 없는 사람이다.

페루에 갔을 때 등에 나무를 지고 가는 사람을 보았다. 그들은 등에 짐을 지고 반쯤 구부린 채 물건을 나르고 있었다. 하루에 1백 파운드를 지고 10마일은 이동할 수 있을 것이다. 미국의 트럭 운전사는 견인 트레일러 트럭의 운전대에 올라 자리를 잡고, 음악을 들으면서 달리면 된다. 밤낮 없이 쉬지 않고 수천 파운드의 짐을 싣고 시속 55마일로 고속도로를 달려간다. 그 트럭 운전사가 훌륭한 운전사이기 때문인가?

단지 더 좋은 도구를 소유하고 있기 때문에 더 많이 생산해 내고 더 잘 살 수 있게 되는 것이다.

하나의 도구가 인간의 생산능력을 얼마만큼 엄청나게 변화시켜 줄 수 있는가를 완전히 인식할 수 있을 때 비로소 현대 도구의 진가가 나타난다. 현대의 기술은 인간의 손에 이 도구를 쥐어 주어 도구가 없는 수백 사람의 일을 한 사람이 해낼 수 있게 된다. 그런 강력한 도구를 가진 집단은 수 십억 노동자의 노동력에 맞먹는 이윤을 얻게 된다.

예를 들어보자. 미시건주 에이다의 우리 공장에서는 에어러졸 캔을 생산해 내고 있다. 그 캔 시험을 한번에 하나씩 해 왔는데, 이제는 생산조립 라인에서 초당 3개꼴로 생산해내고 있다. 그 캔들이 조립 라인을 다 돌 때면 완성이 되어 눈이 부실 정도로 빠르게 쏟아져 나온다. 엄청나게 감동적인 도구이다. 암웨이에는 컴퓨터가 있는데, 분당 수백 줄 이상의 정보를 찍어낼 수 있다. 그것은 분당 2만 7천 타를 치는 타이피스트를 능가하는 양이다. 이는 1분에 책 한 권의 분량을 찍어내는 셈이 된다.

이 외에도 그 예는 많다. 인간을 원시적인 삶의 형태에서 오늘날의 풍요로운 문화를 누릴 수 있도록 해준 것은 다름 아닌 이 도구 때문이라는 것을 인식하는 데에는 그리 많은 시간이 걸리지 않는다. 이런 도구의 발전과 사용을 최대한으로 활용할 수 있는 경제제도가 바로 최선의 생산체제일 것이다.

이것이 자유기업체제가 사회주의체제를 여지없이 패배시키는 요인이 된다.

미국 경제 재단은 도구가 경제의 중추적 요인임을 설명해 주는 공식을 제시했다. 그 공식은 몇 년 동안 유행이 되었고, 나도 자유기업체제에 대한 연설을 할 때에는 그것을 반복해서 사용해 왔다. 그것은 다음과 같다.

MMW = NR + HE × T

인간의 물질적인 풍요는(MMW) 천연자원(NR)과 인간의 에너지(HE)와 도구(T)를 곱한 것을 더한 값이다. 인간이 가지고 있는 물질적인 자원은 천연자원의 형태(NR)로 이 땅에서 얻은 것이고 정신적 또는 육체적인 인간의 힘(HE)을 들여 활용할 수 있는 형태로 전환시켜야만 한다.

어느 나라에나 천연 자원은 있다. 또한 어느 나라에나 인력은 있다. 그러나 모든 나라가 똑같이 물질적 풍요를 누리고 있지는 못하다. 그 주된 원인은 국민들의 사유가 어느 정도 허용되어져 있는가에 달려 있다. 그런 체제에서는 도구들이 더 잘 다루어져 효율적으로 사용될 수 있기 때문이다.

게다가 국민들에게 새로운 기구를 개발해 낼 수 있는 초과이익분을 남겨주어 새로운 도구가 개발되는 것이다.

사람들은 자신의 소유로 되어 있는 것은 더 소중히 다루게 되어 있다. 그것은 인간의 천성이다. 믿지 못하겠으면 일년간만 다른 사람에게 집을 빌려 주고 집 관리를 어떻게 했는지를 보면 알 수 있다. 입장이 바뀌어도 마찬가지이다. 내 소유가 아니면 소홀히 다루게 되어 있는 것이다.

  어느 날 아침 몇몇 친구들과 로스엔젤레스를 빠져나와 붐비는 고속도로에 들어섰다. 그런데 안개가 짙어 정체가 심했다. 정차해 있는 것이 짜증스러워 나는 말했다. "존, 새치기 하자, 렌트카인데 뭐 어떻겠어." 순간 내 자동차였다면 그렇게 쉽게 아무렇지도 않게 얘기하지는 않았으리란 생각이 들었다. 자신의 소유물이 아니면 그만큼 소홀하게 느껴지는 것이다. 사회주의가 갖고 있는 문제가 바로 이것이다. 국가가 모든 도구와 공장, 빌딩, 생산 방법을 소유하고 있으니 그것을 소중히 다루려 하는 사람은 아무도 없다. 심리학자 알버트 벤두라는 다음과 같이 말했다.

  "눈사태에서 눈송이 하나하나는 아무런 책임을 느끼지 않는다."

  이 말은 국가에서 소유한 도구에 대한 각 개인의 책임감에 대해 잘 설명하고 있다.

  모든 사람의 소유라는 것은 곧 어느 누구도 그것에 대해 책임 의식을 느끼지 못한다는 것이다. 물질적 풍요를 가져다 주는 생산 도구가 마구 다루어질 때 그 도구의 수명과 효율성은 개인 사유일 때의 반으로 줄어들게 된다.

  이 두 가지 체제를 비교함에 있어 도구라는 요소가 가지고 있는 또 다른 면은 자유기업체제에서는 새로운 도구의 개발에 그 댓가가 주어진다는 것이다. 더 좋은 쟁기, 더 좋은 진공 청소기, 더 잘 드는 가위를 개발하기 위해 지하실에서 몇 달이나 몇 년 동안을 지냈다고 생각해 보자. 드디어 새로운 기구를 만들어 냈을 때 국가가 와서 "수고했네. 그러나 이 기구는 이제부터 우리 인민의 소유야"라고 말하며 가져갔다고 생각해 보라. 몇 년 동안 애를 쓴 댓가는 전혀 없이 말이다. 물론 화가 날 것이다. 환멸을 느끼고 이를 악물며 다시는 새 기구를 만드는 데 시간을 허비하지 않으리라 다짐하게 된다. 다른 사람들이 잠이나 자고 TV나 보며 즐기고 있는 동안 열심히 일했는데 그에 대한 댓가가 없었다고 생각해 보라. 사회주의 체제가 그런 것이다. 새로운 기구를 개발하고 소유하려는 동기 유발이 없어지게 되어 자유기업체제에서보다 새로운 기구의 개발이 더딘 것이다.

자유기업체제에서는 당신이 새 기계를 발명할 경우, 그것은 당신의 것이 된다. 고가로 입찰에 붙여 판매도 할 수 있다. 아니면 그것을 생산해 수백만 달러를 벌어들일 수도 있다. 어느 경우에나 그에 대한 이윤을 챙길 수 있도록 특허권이 당신의 권리를 지켜주게 되어 있다. 돈을 많이 벌 수도 있고, 다른 사람의 생산성을 늘려 주어 그에 대한 이익 배당금을 나눠 가질 수도 있다. 그 같은 이익이 현실화되면 당신과 같은 사람들은 기꺼이 좀더 많은 일을 하려고 하고 새로운 아이디어를 고안해 만들어 보려고 애쓰게 될 것이다. 그 결과 사회전체의 생산성이 점점 더 높아지게 되고 좀더 잘 살기를 바라며, 그 의욕은 한발 더 앞서가려는 진취적인 사람에게는 더욱 더 커지게 된다.

자유기업체제는 이처럼 실제로 아주 간단한 논리 위에 세워진다. 개인이 어떤 일을 하든 그에게는 사업을 경영해 나갈 수 있는 권리가 있고, 또 그 일에서 이윤을 얻을 수 있다. 정부가 기업가들에게 법규와 규정으로 부담을 지우며 사업을 어떻게 경영해야 하는지를 규정해 놓고 생산품 가격을 총괄적으로 올리게 되면 이 체제는 위협받게 된다.

오늘날 미국에서는 시시콜콜 간섭만 하는 불필요한 법규들로 자영업의 자유가 심각할 정도로 제한되고 있다. 이런 현상이 위험 신호로 받아들여지는 것은 이렇게 정부가 점점 더 기업 경영에 간섭하게 되면 생산 도구는 국민의 통제 대신 정부의 통제를 받게 되기 때문이다.

이미 이 나라에서는 정유 산업, 철도 산업, 전화, 의료 산업을 정부가 인수하라는 목소리가 높아가고 있다. 그렇게 되면, 이 위대한 산업 국가의 모든 도구는 국가 재산이 되어 버려 소홀히 다루어지게 된다.

공공주택을 예를 들어 보자. 30년 간은 버티게끔 지어진 빌딩들이 5년만 되면 여기저기 갈라지고 붕괴의 위험에 처하게 된다. 모두의 소유는 아무의 소유도 아니기 때문이다. 그러나 내가 도구를 소유하게 되어 그것을 사용해서 이윤이 생기게 되면 소중히 다루게 될 것이다.

국가가 생산 도구를 통제하게 되면 결국 그 생산 도구는 국민을 통제하게 된다. 그들은 결국 생산 도구의 노예가 되어 버리는 것이다. 그들에게서 생산 도구를 빼앗음으로써 국가는 그들을 원시적 수준의 단계로 돌려놓게 된다. 언제 어디서 어떻게 무슨 용도로 이 도구들을 사용할 것인가를 규정해 놓음으로써 모든 국민의 생활 자체를 통제하게 되는 것이다.

피델 카스트로가 쿠바에 혁명 정부를 세웠을 때 그는 모든 생산 수단을 통제했다. 그 더러운 자본주의 돼지 바티스타를 타도했기 때문에 젊은이들은 의기양양해 했다. 인민들은 이제 수수밭과 농장과 정유소를 소유했다. 모두 다 달콤한 미래를 꿈꿨을 것이다. 그러나 사탕수수를 베는 고된 일을 해야 했을 때 학생들이 말했다.

"별 상관 없으시다면 우리는 수수를 베고 싶지 않은데요."

카스트로가 말했다.

"동무들, 우리 같이 합시다."

다시 학생들이 말했다.

"그래도 우리는 하고 싶지 않아요."

그러자 피델이 말했다.

"너희들은 수수를 베어야만 해! 베지 않으면 감옥에 처넣고 말겠어."

그래서 그들은 수수를 베었다. 다른 반자본주의 국가와 마찬가지로 쿠바의 경제는 그렇게 통제되어 갔다. 생활 수준은 점점 더 나빠지기만 했고 국민들은 점점 더 빈곤해져 갔다.

역사는 거짓을 기록하지 않는다. 자유기업체제는 다른 어느 체제보다도 더 많은 생산을 가능하게 했다. 더 많은 사람들에게 더 많은 물자와 더 좋은 환경에서 일할 수 있게 해주었다. 노동력을 덜 들이고도 더 풍족하게 살게 되었다. 국민들 자신이 자신의 생활을 책임지고 자신의 노동에서 번 이익을 거둬들였다.

  그것은 신이 우리에게 주신 선물이며 우리는 그것을 충분히 이해하여 믿고 행해야 한다.

제 5 장

인간의 존엄성에 대한 믿음

　어느 큰 회사의 사장이 공장문을 들어서는 경우는 낯설고 다소 적의에 찬 곳에 들어서는 돌격 대원 같은 태도일 경우가 많다. 많은 공장에서 볼 수 있는 이런 분위기 하에서 일반적인 회사 사장들은 생산라인의 노동자 사이로 걸어간다. 그들은 부하이고 자신은 상사임을, 그는 경영진이고, 그들은 노동자임을 몸으로 한껏 표현하면서. 그는 값비싼 옷을 입었고 그들은 작업복 차림이다. 누가 보아도 그 차이는 확실하다. 그는 정중한 인사를 받게 된다. 그러나 그런 인사엔 인간적인 냄새는 전혀 없다. 그저 상사와 부하간의 형식적인 인사가 오갈 뿐이다.

　미시건의 에이다에 있는 암웨이 공장을 리치 디보스와 같이 들어가 본 사람은 그가 하는 행동이 파격적임에 놀랄 것이다. 고용주와 근로자 사이에 넘쳐흐르는 인간애의 전형이 거기에는 있다.

 디보스는 이 거대한 공장의 이곳저곳을 옮겨 다니며, 병석에 있는 가족의 안부에 관해, 혹은 새로 산 차에 대해 얘기를 나눈다. 그가 가는 곳마다 사람들은 씩 웃으며 인사하거나 친한 사이끼리 나누는 농담을 하기도 한다. 여기저기서 "안녕, 리치"하며 아주 자연스럽고 평안한 인사말이 오고 간다. 깜짝 놀랄만한 장면이다. 젊은이나 나이든 사람이나 숙련공이나 일반 노동자나 모두들 스스럼없이 다가와 악수를 하고 인사를 나눈다.

 누구든 이들이 그를 좋아한다는 것을 느낄 수 있다. 상사라기보다는 지도자였고 무엇보다도 그는 친구였다. 그들과 그 사이에 차이점은 별로 없었고, 디보스가 진심으로 그들을 좋아하는 것 또한 의심의 여지가 없었다.

 그들은 그가 좋아하는 부류의 사람들이고 바르고 근면하며, 그는 그들을 존경하며 그들과 함께 있는 것을 즐거워한다.

 나이가 지긋한 작고 뚱뚱한 부인이, 에어졸 캔 뚜껑을 점검하고 있는 의자에서 그를 올려다보며 한마디한다.

 "리치 디보스, 사무실로 돌아가서 일하셔야죠."

 싫다는 아들에게 닭고기 스프를 억지로 떠 먹이고 있는 완고한 어머니처럼 말한다.

 "당신과 나, 우리 다 함께 일이 잘 굴러가게 해야지요."

그들 모두 한 마음인 듯하다. 리치 디보스 당신과 나 그리고 우리 모두 공장이 잘 돌아 가도록 해야 한다. 그리고 그들은 그렇게 하고 있다.

88 BELIEVE!

⊙인간의 존엄성에 대한 믿음

 옛 노래에 이런 가사가 있다. '사랑이 세상을 잘 돌아가게 한다.'
 가망 없는 반낭만주의처럼 들릴지도 모르겠지만 난 그 가사를 바꿔보고 싶다. "세상을 잘 돌아가게 하는 것은 상대방을 존중하는 마음이다." 세상에서 가장 중요한 상품은 개인에 대한 '존경'이다.
 내가 얘기하고 있는 존경의 의미는 '인류'라는 추상적인 의미에서의 인간 존중이 아니고 일상 생활에서의 태도와 행동에서 보이는 구체적인 의미에서의 존경이다. 직위나, 인종, 종교 등에 상관없이 모든 사람 저마다의 가치를 적극적으로 인정해 주는 것을 의미한다. 나는 이 땅의 모든 인간이 하나의 피조물임을, 또한 저마다의 소명이 있고 하나의 인간으로서 존경받을 가치가 있음을 믿는다.

인간에 대한 존중을 가로막는 요소는 일정한 범주 안에 사람들을 가두어 놓아야 직성이 풀리는 이 사회체제 때문이다. 사람들에 관해서 얘기하게 될 때, 우리는 그가 나온 학교, 그가 받은 학위, 갖고 있는 직업, 몰고 다니는 차, 살고 있는 집, 옷의 브랜드 등에 따라 평을 하게 된다. 이렇게 일정한 테두리 안에서 그를 평하게 되면 이 땅의 똑같은 피조물로서, 똑같은 형제 자매로서 똑같은 가치와 똑같은 운명을 지닌 인간으로서 볼 기회가 생기지 않는 것이다. 존경심, 그것이 중요한 것이다. 입은 옷이나 가진 돈에 맞추어 사람을 보게 되면 진정한 존경심은 생기지 않는다.

우리는, 우리가 이토록 숭배해 마지않는 너무도 신성한 꼬리표를 달고 다닌다. 어떤 직업은 '전문직'이고 어떤 것은 그렇지 않다. 이 사람은 쓸만하고 저 사람은 그렇지 않다. 고등 교육에 대한 열망은 전국적인 붐이 되어 대학 졸업장 하나 없는 사람은 인간 취급도 해주지 않는다.

"당신이 누구이며 무슨 일을 할 수 있는지, 심장이 튼튼한지, 얼마나 강한지 또는 어떤 역경을 헤쳐왔는지는 알고 싶지도 않다. 우선 대학 졸업장이나 보여주라구!"

또 다른 기준은 돈이다. 보잘것없는 바보라도 마치 그가 대학 졸업장을 가질 수 있듯이 돈을 가질 수는 있다. 사람을 평가하는 데 있어서 때때로 이 두 가지보다 더 중요하게 여기는 것들도 있다. 그러나 돈이나 대학 교육을 받지 못한 사람들은 자신의 진정한 가치를 보여줄 수 있는 기회도 갖지 못한 채 밀려나고 만다. "아무도 절 존경하지 않아요."라는 불평이 트레이드마크인 코메디언 로드니 댄저필드처럼 느껴진다.

몇 해 전 어떤 북부에 소재한 주지사가 직업 훈련에 관하여 개최한 심포지엄에 참석했을 때였다. 박사학위를 가지고 있으며 고등교육에 대하여 오랜 경험을 가진 사람들과 같이 하루를 보내게 되었다. 그들은 하루 종일 실직한 노동자들에 대해 깊게 뿌리내려진 무례하고도 심한 말을 마구 해댔었다. 이 자리에 있었던 전문가들은 바로 그 사람들을 돕기 위해서 참석한 사람들인데도 말이다. 이런 얘기도 들었다. "이 직업 훈련을 통해 그들이 쓸만한 사람이 되었으면 합니다." 또는 "적어도 우리는 그들을 훌륭한 목수 정도로는 만들어 놓을 수 있어요."라는 말도 나왔다. 어떤 전문가는 이렇게 말했다. "배관공 정도는 되겠지만 그래도…"

결국 짜증스러워져서 들을 수가 없었다. 그 날 마침 내가 연설하게 되었을 때 나는 다음과 같이 서두를 꺼냈다.

"신사 여러분, 감히 제가 드리고 싶은 말은 여러분들이 교육시키려 하는 사람들에게 존경심을 가지실 수 없다면 이 일은 그만두시는 것이 좋겠다는 것입니다. 여러분들은 지금 박사라는 높은 자리에서 경멸하듯 그들을 내려다보고 있습니다. 여러분 생각엔 머리가 나빠 대학에도 못 간 불쌍한 사람들에게 사회의 후미진 곳 하나 마련해 주는 것이 목적이겠지요."

하지만 오해하지는 말라. 나는 대학 교육, 돈을 많이 버는 것, 출세를 하는 것 등 이 모두가 나쁜 일이라고는 생각지 않는다. 그러나 나는 다음과 같은 종류의 범주를 만들어 놓고 국민들에게 다음과 같이 얘기해야 한다고 생각한다. 즉, "당신은 전통적인 성공의 상징을 갖고 있지 못하니 가치가 없다." 암웨이 사에도 화학자, 변호사 또는 컴퓨터 전문가 같은 박사들이 있다. 나는 그들이 받은 교육과 전문성을 인정한다. 대학과 대학원 공부를 하며 꾸준히 자신의 진로를 닦아 나가 드디어는 의사가 되고 과학자가 된 그들에게 경의를 표한다. 그러나 기계를 조작하고 책임량을 완수하고 또 다시 작업대 앞에 서서 노동을 하는 그들보다 더 나은 점이 있다고는 생각하지 않는다. 나는 자신의 일을 열심히 하는 트럭 운전사를 존경한다.

  비전문적인 일에 종사하는 사람들에 대하여 다른 사람들이 얘기하는 말투에 화가 난다. '그는 기계 수리공일 뿐이야.' '그저 세일즈맨일 뿐이야.' 그도 따뜻하고 인간애를 지닌 만물의 영장, 인간인 것이다. 그는 이 나라의 대들보이며 일을 마무리짓는 사람이다. 그는 이 사회의 칭송 받지 못한 영웅이다. 그가 해놓은 모든 일을 생각해볼 때, 난 무한한 자부심을 느끼며 그에게 존경을 표하고 싶어진다.

  어느 해 여름 우리 가족은 조그만 오두막집에 살고 있었다. 거기에서 난 세상에서 처음 청소를 완벽하게 해내는 청소부를 만나게 되었다. 그는 기가 막힌 사람이었다. 아침 6

시 반에 정확하게 출근한다. 그의 출근을 보고 시계를 맞춰도 될 지경이었다. 그는 트럭이 있는 방향으로 대충 쓰레기통을 던지면서 다행히 그 통이 트럭에 올려지기를 기대하지도 않는 사람이었다. 쓰레기통을 다 비운 후에 그 뚜껑을 던지고서 얼마나 통에 가까이 던져졌는지 보지도 않는다. 그는 조심스럽게 뚜껑을 닫아 제자리에 갖다 놓는다. 그 시간엔 사람들이 아직 자고 있기에 그는 조용히 소리가 나지 않게 일했다. 모든 일을 조용하고 신속히 처리한 다음에 다음 장소로 이동했다.

어느 날 아침 자리에서 일어나 바지를 입고 있을 때 그가 내려오는 것을 보았다. 6시 30분이었다. 그가 내 집에 왔을 때 "이봐요, 나는 당신이 일을 얼마나 멋지게 해내는지를 얘기해주고 싶었소."하고 말했다. 그는 아무 말도 하지 않고, 나를 한번 바라보고는 멀어져갔다. 대꾸조차 없었다.

그 다음 주 아침에도 나는 그가 오길 기다렸다. 그가 내 집 쓰레기를 치우는 것을 보면서 "당신도 알겠지만 당신은 일을 멋지게 하고 있는 거요. 나는 자신이 맡은 일을 그렇게 열심히 하는 사람을 본적이 없어요."라고 말했다. 그러자 그는 나를 보면서 이렇게 물었다.

"여보시오, 방금 들어오는 길이오, 아니면 출근하는 길이요?" 나는 그가 일을 멋지게 한다는 말을 하려고 일어난 길이라고 말했다. 그러자 그는 머리를 갸우뚱거리며 가버렸다.

나는 세 번째 주에도 그를 기다렸다. 그가 왔을 때 나는

인간 존엄성에 대한 믿음

"당신이 하는 일에 감사의 말을 하기 위해 오늘도 기다렸어요."라고 말을 하자, 그는 마침내 밝은 웃음을 지었다.

"당신 뭘 좀 아는군요. 지난 12년 동안 나는 쓰레기를 치워 왔소. 당신도 알겠지만 지난 12년 동안 한 사람도 내가하는 일에 고마움을 표한 적이 없었소. 내 상사도 내가 일을 잘하고 있다고 말을 한 적이 없을 뿐만 아니라 아무도 고맙다는 말을 한 적이 없어요."

그는 마치 내가 한 말을 믿을 수 없다는 듯이 머리를 흔들고 웃으면서 그의 트럭으로 돌아갔다.

존경을 받을 만한 일을 하면서도 존경을 받지 못하는 예가 얼마나 많은가? 한 회사의 회장으로서 나는 이일 저 일을 하며 내가 일을 멋지게 해낸다는 말을 자주 듣는다. 내가 일을 특별히 잘했든 못했든 간에 칭찬을 들으면 우쭐한 느낌이 들게 된다. 의사나 교수, 정치인 등이 일을 잘 해내면 수많은 찬사를 듣게 되고, 존경의 표시로 숨이 막힐 지경이 된다. 그러나 이 청소부는 격려나 인사 한마디를 들어본 적도 없이 12년 동안 열심히 일을 해왔다. 그와 같은 수백만의 노동자들이 청소년들과 사회적 위치에 신경을 쓰는 친척들 또는 이웃 졸부들에게서 "글쎄, 고작 쓰레기 치우는 사람이지 뭐." 정도의 취급을 받고 있다.

평균적인 보통의 미국인들은 그들이 지닌 많은 문제점이나 단점에도 불구하고 하나의 개인 또는 생산적인 시민으로서 존경을 받을 가치가 있다. 분명 우리들에게는 많은 문제

점이 있다. 확실히 우리들에게 범죄라든가 복지 정책의 악용, 불법 거래 등이 들끓고 있을 뿐만 아니라, 일하려 하지 않고 남에게 기대 살려는 게으른 사람들이 많이 있다. 그러나 오늘도 수 많은 사람들이 일을 하고 있다. 수많은 공장이 가동되고 있으며 은행과 가게는 오늘도 영업을 하고 있고 믿을 수 있는 사람들이 많은 돈을 취급, 관리하고 있다.

수화기를 들면 당신은 누군가의 도움으로 피지 섬이나 런던 또는 세계 어느 곳과도 통화를 할 수 있다. 레스토랑이나 약국, 학교, 비행기 등에도 당신에게 봉사하기 위해 기다리고 있는 많은 사람들이 있다. 그 중에는 몸이 아픈 사람도 있고 간밤에 마신 술이 덜 깬 사람도 있다. 하지만 이들 모두는 각자 있어야 할 곳에 있다.

상업과 공업, 금융업, 병원, 경찰, 서비스 산업의 모든 분야는 제대로 작동되고 있다. 시간을 맞추어 놓은 자명종, 탱크에 기름을 넣어두거나, 자전거를 문가에 갖다두거나, 누군가 또 다른 사람이 운전하는 지하철을 타야 하는 사람들, 그리고 눈이 오나 비가 오나 사막을 가로질러 전국을 돌아다니는 모든 학교 버스들을 생각해 보라.

수천 개의 생산라인이 작동되고 있고 며칠 내에 그곳에서 생산된 제품들이 우리 식탁에 올라 있거나 혹은 아이 발에 신겨져 있게 될 것이다. 라디오나 TV를 켜면 누군가 시간을 알려주고 음악을 들려준다. 수천 개의 주유소엔 차에 기름을 넣어 어디론가 떠나려는 사람들이 줄을 서서 기다리고 있을 것이다.

　우리는 고도의 효율성으로 빠르게 움직이고 있는 사회에 살고 있다. 그렇게 하는 데 기여하고 있는 사람들에게 경의를 표해야 한다!

　지도력이라는 과제에 대해 수년간 생각해 왔다. 또 훌륭한 지도자의 자질에 관해서도 생각해 보았다. 그리고는 다른 사람에 대한 존경심이란 것을 첫째로 꼽을 만하다고 결론 지었다. 어떤 사람으로 하여금 내 자리를 맡도록 하루안에 훈련을 시켜야 한다면, 그에게 암웨이 사의 사업에 관한 세부사항을 설명하려 하지 않고, 그를 위해 일하는 사람들 또 그와 함께 일하는 사람들을 존경한다는 것이 얼마나 중요한가를 얘기하는 데 모든 시간을 사용하겠다. 많은 사람들이 진정한 지도자가 되는 일은 다른 사람에 대한 존경에서 시작된다는 사실을 모른채 그 자리를 선망하기만 한다. 그 자리는 어떤 재주나 지식 또는 혼자 열심히 일하는 것으로 얻어지는 것이 아니다. 자신이 이끌고 있는 사람들에 대한 존경심 없이는 유능한 지도자가 될 수 없다.

　모든 사람이 윗자리에 오르고 싶어한다. 그러나 많은 사람들의 존경과 사랑을 한몸에 받고 있는 지도자는 그들이 그를 존경하는 만큼 그들을 존경하고 사랑한다는 것을 깨닫고 있는 사람은 많지 않다.

　지도력이란 어느 자리에 있다고 그냥 얻어지는 것이 아니다. 그의 직원들이 그를 진정한 지도자로서 받아들여야 비로소 지도자가 될 수 있는 것이다. 그들의 상사이고 주인이라고 해서 다 지도자가 될 수는 없다. 독단적으로 그들 위에 군림해서 또는 여러 가지의 독재 수단을 써서 통제할 수도 있다. 그러나 지도력이란 단순한 권위 이상의 것이고 기술적으로 일을 해내는 것 이상의 것이다.

이 세상은 온통 경영자, 관리자들로 가득 차 있다. 그러나 진정한 지도자를 찾기가 그리 쉽지 않다. 지도력이란 혼자 일을 해내는 것이 아니고 사람들로 하여금 일을 완성시키게 하는 것이며 이것은 서로에 대한 존경심 없이는 불가능하다.

어쨌든, 사람들은 그의 상사가 자신들을 한 사람의 인간으로서 존경해 준다는 것을 느끼게 될 때 비로소 그들은 그의 지도자를 따르게 되어 있는 것이다. 존경심을 나타내는 방법은 사람마다 서로 다양하게 나타나지만 그 마음은 한가지이다.

2차대전시 미국에는 아이젠하워와 패튼이라는 성격이 판이하게 다른 두 장군이 있었다. 아이젠하워의 이미지는 부드럽고 자상한 지도자의 표상이었고, 패튼은 매섭고 엄격한 성격의 소유자였다. 그러나 패튼장군은 그의 휘하에 있는 병사들을 아주 능력 있는 군인으로서 존경했다. 비록 표현은 거칠었지만 병사들을 사랑하는 마음이 그를 훌륭한 지도자로 만들었다. 부하들에 대한 존경심이 단지 부드러움이나 할 말을 못하는 것을 의미하지는 않는다. 패튼이 보여주었던 존경심은 그의 병사들이 군인으로서 임무를 잘 수행해 낼 수 있을 것이라는 진정한 믿음을 의미하는 것이다.

　이와 마찬가지로 현실사회에서도 상사가 부하직원에 대해 믿음을 보여주면 그는 가능한 모든 일을 하게 될 것이다.

　나만이 갖고 있는 기술은 '세일즈 기술(팔매설득방법)'이었다. 평생을 세일즈에 바쳐왔고 많은 사람들이 세일즈맨이란 가치 있는 직업을 천시한다는 것을 너무도 잘 알고 있다. 세일즈맨에게 존경심을 보여주는 사람은 거의 없고 그래서 세일즈맨 자신도 결국 스스로를 비하하게 된다. 그가 하고 있는 일에 자신이 없어지고 "응, 세일즈맨이구만." 하는 냉소가 점점 두려워지게 된다. 앞서 말한 대로 줄잡아 300만의 암웨이 디스트리뷰터들이 자영업을 하고 있다. 그 사람들의 지도자로서 내가 해야 할 첫 번째 임무는 내가 그들에게 진심으로 느끼고 있는 존경심의 전달에 있다. 그리고 그 존경심이 그들과 그들이 하는 일에 파고들기 바랄 뿐이다. 그저 자신은 초라하고 나이든 세일즈맨일 뿐이라고 생각하는 사람은 말처럼 초라하고 나이든 세일즈맨으로 행동하게 된다. 그는 행복하지도 않고 또한 물건도 많이 팔지 못하게 될 것이다.

　대학 졸업자가 급속히 늘어나고 사회적 지위에 대한 강박관념이 이 사회에 만연하게 됨에 따라 "영업 사원입니다"라고 말하며 창피해 고개를 들지 못하거나 모멸의 시선을 느껴도 기가 죽지 않는 사람이 더욱 절실히 요구되어진다. 오늘날 많은 사람들이 자신들을 영업사원이나 할 사람이 아니라고 생각하고 있다. 그러나 그들은 미국이 돈을 버는 것은 어디에선가 누군가가 무슨 물건인가를 팔고 있기 때문이라는 엄연한 사실을 잊고 있는 것이다. 영업은 제품의 직접 판매든지 그에 대한 서비스이든지 간에 소득의 원천이 되고 있다. 나는 영업을 천시하는 분위기에서 자라지 않은 것이 천만다행이라고 생각한다. 그래서인지 나는 무언가를 팔면서 자존심을 억누를 필요가 없었다.

세일즈에 대해 사람들이 얘기하는 것을 들어보자. 사람들의 입에 주로 오르내리는 말은 "뭘 판다는 것처럼 싫은 일은 없어."라는 말이다. 다른 사람에게 물건 파는 일을 끔찍하게 여기는 그 알량한 자존심은 세일즈 기술에 대한 존경심이 결여되어 있기 때문이다.

우리 암웨이 디스트리뷰터들은 판매에 대한 일반적인 냉대 분위기뿐만 아니라 일 대 일의 세일즈에서 보여지는 경멸감을 참아야한다. 사람들은 "아 암웨이요, 다단계 판매를 하는 사람들이죠?"라고 질문하는 경우가 많다. 그러면 나는 "예 그렇습니다. 우리는 개인서비스 사업을 하고 있습니다."라고 답변한다. 우리는 개인 서비스가 고객이 직접 줄을 서서 물건을 사는 번거로움을 없애 줄 수 있다고 생각한다. 거기에 대해 사과해야할 것은 아무것도 없는 것이다. 나는 물건을 사기 위해 이리저리 주차할 곳을 찾아 애쓸 필요도 없고 눈이 오거나 혹 비가 내리거나 물건 사러 나와야 할 필요가 없도록 해주는 사업에 종사하는 사람들을 존경한다. 상품을 고객의 문 앞에 가져다 주는 사람들을 존경한다.

그가 자신의 일에 대한 가치를 존경한다면 그는 찬사를 받게 되고 그가 하는 일이 멸시받는 일은 없게 될 것이다.

이제 다른 사람의 흠을 들추어내거나 괴롭히는 일은 그만둘 때가 됐다. 이 사람 저 사람에 대해 깎아 내리고 소란을 떨고 말다툼하는 일은 그만두고 우리 자신과 우리 아이들을 위해 좀더 나은 삶을 만드는 일에 함께 참여할 시간이 된 것이다. 서로를 헐뜯고 자신의 직업이 더 좋다고 설쳐대는 독단으로부터 벗어나 서로 협력하여 보다 나은 우리를 만드는 데 힘쓸 때가 된 것이다. 이해해 주려 애쓰고, 좋은 점만을 보려하고, 비록 조그마한 능력이나마 존중해준다면 우리는 주는 만큼 더 좋은 사람이 될 것이며, 마찬가지로 다른 사람에게도 인간적인 존경심을 보여주게 되고 결국 우리 모두가 보다 나은 모습으로 성장하게 될 것이다. 신은 우리들이 그렇게 어우러져 서로 서로를 이해하고 존경할 수 있기를 원하신다. 이 모든 것이 바로 존경심에서 시작되는 것이다.

당신 아이들의 코를 닦아주고 잃어버린 신발을 찾아주고 떠들어대는 것도 참아주는 학교 담임 선생에게 고맙다는 말 한 마디 전해 본 것이 언제이던가? 속도 위반 딱지를 떼고 매일같이 고된 업무에 시달리고 있는 경찰에게 위로의 말을 했던 것이 언제였는가?

20년 동안이나 아무 불평 없이 묵묵히 자신의 일을 해왔던 수위에게 감사의 말을 해본 적이 있는가? 낙선한 정당 후보자에게 민주적으로 일을 수행하기 위해 그가 쏟았던 모든 노력에 경의를 표한다는 말을 전해본적이 있는가? 매일 아침 들러서 커피를 마시는 가계 종업원에게 그녀가 손님에게 베푸는 서비스에 고맙다는 말을 얼마나 자주 해주었는가?

 당신의 친구, 고객, 단골, 동료들을 포함하여 매일 아침 어깨를 마주치는 그런 사람들, 당신의 하루 생활을 더 만족스럽게 이끌어 주는 고된 노동, 우정, 특별한 기술을 제공하고 있는 사람들에 대해 생각해 보라. 그들이 하는 일, 그들이 살아가는 방식에 대해 당신이 얼마만한 존경심을 가지고 있는지 과연 그들이 알고 있는가? 그들을 존경하고, 그들을 필요로 하고, 또 그들이 하는 일에 감사하고 있다면 그들에게 한마디라도 감사의 말을 전해보자. 그들에 대한 존경심을 몸소 행동으로 보여 줌으로써 우리 모두가 더불어 살 수 있는 세상이 만들어지는 것이 아니겠는가?

102 BELIEVE!

제 6 장

국가에 대한 믿음

　암웨이 사 설립 초기에 리치 디보스는 여성 회계사 모임으로부터 비즈니스를 주제로 얘기를 해줄 것을 요청 받았다. 그러나 그는 요청 받은 주제가 아니라 적어도 그에게는 비즈니스보다 더 중요하게 생각되는 이야기를 했다고 회상한다. 그것은 사친회나 키바니스 클럽 오찬을 포함하여 모임이 있는 곳에서는 당시의 미국이 처한 상황이 비참하다고 몰아 부치는 연설풍조에 관한 것이었다.
　당시는 러시아를 포함한 공산주의 국가와의 냉전이 계속되던 1960년대 초로서 쿠바 미사일 위기가 있은지 얼마 안되는 시절이어서 모든 미국인들은 회의적인 분위기에 빠져 있었다. 그래서 그 날 여성회계사들 모임에서 디보스는 사업 얘기는 하지 않고 한 시간 동안 미국인들의 장점과 능력을 칭찬했다.

그때부터 디보스는 미국식 생활 방식의 철저한 옹호론자로서 알려지게 되었다. 몇 안 되는 여성 모임에서 행한 즉흥적인 연설은 '미국을 팔자'라고 불리는 연설로 발전되어 그 후 10여 년간 모든 분야에서 수많은 청중들의 박수 갈채를 받게 되었다. 그 연설은 카셋트 테이프, CD 등의 매체로 녹음되어 전국 방방곡곡으로 전파됐다. 그의 연설은 자유 옹호 재단이 제정한 알렉산더 헤밀턴 상을 포함한 여러 상을 수상하게 되었다.

디보스는 여러 방면에 재주가 있지만 특히 대중 연설가로서 최고의 재능을 보인다. 그는 전용제트기로 전국을 돌아다니며 조그마한 고등학교 동창 모임에서부터 강당을 가득 채우는 대규모의 영업 모임에 이르기까지 다양한 청중들에게 연설을 한다. 실질적으로 어디에서나 예외없이 그의 연설은 청중을 흥분의 도가니로 몰아넣는다. 그의 주변 사람 중의 한 사람은 디보스의 연설은 한마디로 "청중의 마음을 완전히 사로잡아 버린다."고 자신있게 얘기한다.

디보스는 항상 원고 없이 연설하며 청중들에게 스스럼없이 다가선다. 때로는 청중과 좀더 가까워지기 위해 연단에서 내려와 연설을 하며 청중들과 대화를 나누기도 한다.

디보스는 연사로서 자신의 능력에 대한 얘기가 입 밖으로 나오는 것을 꺼린다. 그는 흔히 "아, 내가 얘기하는 것은 전부 남들이 얘기한 것을 인용한 것뿐이에요."라고 말을 끝내

버리기 일쑤이다. 물론 그럴 수도 있다. 그러나 그가 전국 제조회사 협회에서 암웨이의 영업 계획을 설명하거나 자유기업체제에 관해 설교할 때면 청중들은 쉽게 잊혀지지 않는 소중한 경험을 얻게 된다.

106 BELIEVE!

⊙국가에 대한 믿음

　얼마 전에 그랜드 래피즈에 있는 한 신사가 그의 집을 팔기로 했다. 부동산업자에게 전화를 걸어 매물목록에 올려줄 것을 부탁했다. 그 부동산업자는 이 집의 특징을 열거하여 신문 광고를 실었다. 그 날 저녁 집을 팔려는 그 신사는 그 신문에서 자기 집 매매 광고가 난 것을 보았다. 그는 그 광고를 읽고 또 읽었다. 그리고 갑자기 의자에서 일어나 전화기 있는 곳으로 갔다. 부동산업자에게 전화를 걸어서 매매를 취소해줄 것을 부탁했다. 그 부동산업자는 놀라 물었다.
　"뭐가 잘못됐나요, 왜 갑자기 마음이 바뀌신 거죠? 어제는 팔겠다고 하더니 이제 와서 취소해 달라고 하시는 겁니까?"
　그 신사의 대답은 간단했다.
　"당신이 낸 광고를 읽고 우리 집이 바로 내가 살고 싶어하던 곳이라는 것을 깨닫게 된 것뿐입니다."

이 이야기는 모든 기회와 희망을 제공해 주는 이 나라에 살고 있으면서도 그것을 깨닫지 못하고 사는 미국인들을 상징적으로 표현한 것이다. 1950년대 초에 수십만 명의 우리 젊은이들이 한국전에 참가했다. 그리고 미국 역사상 최초의 일이 벌어지고 말았다. 중공군의 포로가 된 7,000명의 미국 병사들이 그대로 주저 앉은 것이었다. 그들은 탈출해 보려는 어떤 시도도 해 보지 않고 사탕이나 담배, 음식 등을 받아 먹으면서 말썽 일으키는 것을 포기한 채 냉정하게 행동했다. 그들은 한번 제대로 싸워보지도 않은 채 자유를 포기했다.

메이어라는 심리학자가 그들이 귀국했을 때 그들 중 천명 이상과 가졌던 인터뷰에 의하면 이 사람들은 더 이상 미국은 지지 받을 가치가 없는 나라라고 생각하고 있었다는 것이다.

나는 역사에 기록된 그 유명한 탈출 사건들을 떠올려 보지 않을 수 없었다. 맥아더 장군의 코레지도어 탈출, 2차 대전 중 수백 명의 미국 군인들의 탈출, 베트남에서의 극적 탈출 사건 등. 그들에게 "왜 그런 모험을 시도했습니까? 왜 수용소를 탈출하려 했습니까?"라고 묻는다면 대답은 간단 명료할 것이다. "우리는 자유를 원했지요."

자, 이제는 미국이 그러한 가치가 없다고 믿는 부류들이 여기 있다. 공산주의자들은 그 미국 병사들에게 사회주의체제가 얼마나 훌륭한지, 또 미국의 자본주의보다 얼마나 더 뛰어난지를 설명해 주었다. 그 말을 듣고 나서 어떤 병사는 그 말을 믿고, 어떤 병사는 반신반의 하였으며, 또 어떤 병사는 미국 체제에 대해 더 이상 확신을 갖지 못하게 되었다고 한다.

 난 미국을 믿는다. 국기 흔드는 것을 사람들이 꺼려하는 풍조이지만, 난 국기에 대하여 왼쪽 가슴에 손을 얹는 전통적인 예의 표시가 합당하다고 믿는다. 난 미국이 위대한 나라임을 믿는다. 미국은 과거의 풍요와 미래의 비전 그리고 전국 어느 곳에서나 발견되는 활기와 생명력으로 대변된다.

 만약 현재의 미국 모습과 좀더 나아질 수도 있는 미국의 모습을 비교한다면 조바심이 나게 되는 것은 어쩔 수가 없을 것이다.

 미국에 문제가 있는가? 물론 그렇다. 수많은 빈민, 범죄, 알콜 중독자가 있다. 이혼율도 높아가고 있다. 인플레이션과 경기 침체가 있으며, 전쟁의 후유증은 좀처럼 사라지지 않는 문제이다. 정말 많은 문제들이 산재해 있으며, 바보가 아닌 이상 이들 문제가 존재함을 부인할 수 없을 것이다.

 어렸을 적 주일 학교를 다닐 때 선생님이 주의를 주었던 말이 생각난다. 성경 구절은 절대로 문맥을 무시하고 해석해서는 안 된다는 것이다. 성경 공부를 할 때는 한 장 전부 한 구절 전부를 공부해야 한다. 여기서 이 구절 따고 저기서 저 구절 따게 되면, 자신의 주장을 증명해 보이는데 성경을 이용하게 된다. 많은 사람들이 미국을 이와 같은 방법으로 보고 있다. 여기서는 이 문제를 인용하고 저기서는 저런 결점을 들어서 전체를 싸잡아 낙인을 찍는다. 문제의 문맥을 무시하고 해석해 놓고서 국가가 어떻게 파멸되어 가고 있는가 하는 설교만 늘어놓고 있는 것이다. 이런 문제 왜곡이 더욱 더 심각한 것은 이런 일들이 대부분 영향력 있는 인물들에 의해 행해진다는 것이다. 이들은 국가의 젊은이들을 대상으로 연설도 한다. 우리네 아이들은 그 사소한 결점에 매달리게 되고, 앞날에 대한 희망을 잃게 된다. 그들은 차변과 대변의 균형을 이룰 수 있는 가능성을 잃게 되고 국가의 미래상을 먼저 그려보게 된다. 그 가능성을 제대로 회복할 수 있는 한 가지 방법은 다음 질문을 해보는 것이다. '무엇과 비교해서' 국가의 진정한 모습을 확실히 볼 수 있는 것은 다른 나라와 비교해 보았을 때이다.

미국의 우월성의 진정한 비결에 접근할 수 있는 무엇인가에 대해 얘기해 보자. 미국은 무엇이든지 풍부한 땅이다. 인간도, 자원도, 모든 생활 물자도.…

그러나 이 땅의 역사를 연구해 보면 미국을 위대하게 만든 것은 이주자나 기후, 풍토, 혹은 자원 단독의 힘이 아니다. 미국이라는 나라를 평가할 때 고려해야 할 요소가 있다.

수천 권의 역사책과 수백만의 삶 속에서 그 자취가 남아 있다. 메인에서 마이애미에 이르기까지 전 국토에 걸쳐, 버몽의 별장에서 아리조나의 목장까지, 버지니아의 농부에서부터 샌디에고의 바텐더에 이르기까지 어디에서나 발견된다. 그것은 우리들을 한데 묶고 한 마음으로 만들어 주는 신념이다. 이것이 미국의 정신인 것이다.

미국의 정신이란 이 모든 것들이 하나로 뭉쳐져 있는 것이다. 이것이 미국을 이 세상의 다른 국민들과 구별짓게 하는 것이고 그들의 운명을 지배하는 신의 자녀로 규정짓게 되는 것이다. 이 무형의 자산은 자유의 여신상에 새겨져 있다.

자유롭게 숨쉬고 싶은 자들아.
지치고 불쌍하게 엉켜있는 자들아.
모두 나에게 오라.

바로 이것이다. 이것이 미국 정신의 요체이다. '자유롭게 호흡하고자 하는 것.' 인생의 풍요로움을 맛보고자 하는 열망, 모든 굴레를 차버리고 자립하고자 하는 열망, 안 쓰고 있던 근육을 기지개를 펴서 되살리고 온전히 능력을 발휘하고자 하는 열망, 오래된 헛간을 부셔버리고 새로운 것을 만들고자 하는 열망, 안전 위주에서 벗어나 장기적 안목으로 도박을 해보고자 하는 열망, 과거의 선례를 무시하고 모험을 찾고자 하는 갈망.

'자유로워지고자 하는 갈망…' 개인으로서의 삶을 누릴 자유, 실업계의 거물이 되든 부랑아가 되든 선택할 자유, 모든 것이든 혹은 아무 것도 아닌 것이든 선택할 자유, 내면의 소리를 쫓을 자유, 믿거나 믿지 않을 자유, 동의하거나 반대할 자유, 푸른 색 또는 회색 옷을 입을 자유,
이 자유의 외침은 거칠은 황야에서부터 시작된다. 유럽,

아시아, 아프리카 등지에 모험심에 넘치는 그들의 아들들을 보내 야생의 산림 지대에 새로운 사회를 건설해 내도록 했다.

또한 그들은 전제 군주 때문에 야위고 굶주리고 지쳐서 새 삶을 찾아 미국에 왔다. 갈망하던 정신과 육체의 자유를 찾았을 때, 그들은 패배를 모르는 엄청난 자신감을 가졌다. 열등감은 벗어 던져버리고, 부정적인 태도도 버리고, 그들의 사전에서 두 번째란 말을 지워 버렸다. 미국의 정신은 바로 이것에서 비롯된 것이다. 이런 정신으로 그들은 이 나라를 세우고 우리의 유산을 창조해 냈었던 것이다.

물론 미국 정신의 힘을 과소 평가하고 불신하는 사람들은 계속 있어 왔다. 그 중 영국의 조오지 왕은 유명하다. 현재 영국인들은 그를 미국 식민지를 잃어버린 왕으로 기억한다.

미국의 정신을 오판한 또 하나의 인물은 산타 아나이다. 그는 알라모와 사 하신토의 괴로운 기억을 간직한 채 멕시코 시에서 가난 속에 죽어갔다. 또한 히틀러라 불리 우는 사람도 있다. 그는 일 년 동안 미국 정신을 비웃다가 다음해 베를린의 한 벙커에서 죽어갔다.

통계학적인 분석만이 난무하는 이 시대에, '냉철한 사실'이 찬미되는 이 시대에, 무슨 '정신'을 정치 문제에 도입한다는 것은 비웃음꺼리 밖에는 되지 않는다. 미합중국이 위기에 처한 이때에 위기가 다가옴을 주장하는 자들과 냉소주의자들은 우리가 모든 것을 잃었고 미국적인 민주주의의 이상은 붕괴되고 있다는 결론을 내렸다. 미국 정신을 비웃고 단념하는 사람들에게 역사는 아마도 몇 가지 질문을 하게 될 것이다.

　얼굴에 페인트칠을 한 소수의 뉴잉글랜드 사람들이 영국 배에 실린 차를 보스톤 항에 버렸을 때 그들은 어디에 있었는가?

　야위고 지친 눈물의 식민지 사람들이 벙커힐에서 영국군 부대를 막아내고 있었을 때 그들은 어디에 있었는가?

　나산 헤일이 영국군의 면전으로 돌격하며 나라를 위해 죽었을 때 그들은 어디 있었는가?

　뉴올리언즈의 목화 꾸러미를 부두에 던져 버리고 앤드류 잭슨의 호통을 들을 때 당신들은 어디 있었는가?

　용감한 사람들이 알라모에서 팔장을 서로 끼고 싸웠을 때 당신들은 어디 있었는가?

　자니가 행진해 집에 올 때 그들은 어디 있었는가?

　열병에 시달리며 엔지니어들이 파나마 운하를 뚫어냈을 때 그 회의론자들은 어디 있었는가?

　린드버그가 최초로 대서양 무착륙 횡단에 성공했을 때 그들은 어디 있었는가?

　피어리가 북극 탐험에 성공하고, 에디슨이 전구를 발명해 어두움을 없애 주었을 때, 닐 암스트롱이 달에서 먼지를 피워 올렸을 때 그들은 도대체 어디에서 무얼 하고 있었는가?

　회의론자들은 여전히 그 자리에 있고 미국은 여전히 문제를 해결하면서 발전을 하고 있으며, 새로운 요구에 대처하고, 불경기에 놀라운 탄력성으로 대응해 나가고 있다.

과거에도 힘든 시절이 있었듯, 지금 우리도 그런 시대에 살고 있다는 것은 확실하다. 그러나 한 가지 믿을 것은 어떤 절대적인 위기에서도 미국 정신은 결코 멸망치 않으리라는 것이다.

마지막으로 내가 얘기하고 싶은 것은 미국의 진정한 힘은 전통에서 비롯된다는 것이다. 이 나라가 세워졌을 때, 최초의 이주자들은 첫 추수감사절에 감사의 기도를 드린다. 인간에게 재능과 책임이 주어진 것은 그것을 이용해 이 세상을 좀더 좋은 곳으로 만들기 위함이었다. 이것은 미국에게 내린 커다란 혜택이며 이것으로 인해 러시아나 다른 사회들이 성취하려 하는 모든 것에서 대조를 보이게 된다. 미국의 강대함은 현재의 미국을 만든 사람들의 믿음에서 비롯된 것이다.

이제 우리 모두가 미국을 판매할 때이다. 미국이 가진 자산을 공개하여 그들이 더 큰 노력을 기울이고 믿음을 새롭게 하도록 할 때이다.

아마도 이를 가장 잘 요약해서 말한 사람은 카를로스 로물로일 것이다. 그는 군인이자 정치가이며 필리핀의 애국자로서 2차 대전시 맥아더를 도와 싸웠고 유엔을 설립하는 데 주도적인 역할을 했던 사람이다. 그는 미국 주재 필리핀 대사로서 몇 년간 일했고, 유엔총회의 초대 의장이었다. 다음은 그가 마지막으로 미국을 떠날 때 남긴 말이다.

"전 이제 고국으로 돌아갑니다. 미국이여 안녕. 17년 동안 전 여러분들의 환대를 받아왔고, 50개 주 모두를 방문했습니다. 이제 전 여러분을 잘 알고 있다 하겠습니다. 전 미국에 경탄을 금치 못하며 그리고 사랑합니다. 미국은 저에게 제 2의 고국입니다. 이제 떠나면서 남기고 싶은 말은 찬사와 경고입니다. 잊지 마십시오. 여러분들은, 여러분의 나라가 정신을 소유한 나라임을 잊지 마십시오. 여러분들이 실리적인 국민임을 알고 있습니다. 다른 사람과 마찬가지로, 여러분의 공장, 높은 빌딩들, 군수물자에 경탄하고 있습니다.

미국의 대적할 수 없는 힘은 인간 정신의 존엄성에 대한 존경심에서 비롯됩니다. 그것이 계속되기를 간절히 빌겠습니다.

마지막으로 감사 드립니다. 미국이여 안녕. 항상 신의 가호가 함께 하기를. 그리고 항상 신의 자녀로서 살아갈 수 있기를 바랍니다."

116 BELIEVE!

제 7 장

인내에 대한 믿음

　번쩍이는 유리와 철제 기둥을 한 건물에 들어서서 둥글고 높은 천장으로 굽이쳐 올라가는 2층 계단을 지나 숱한 사무실과 비서실을 지나면 리치 디보스의 사무실이 나온다.
　누구라도 상상할 수 있을 만큼 분위기 있고 값비싸게 꾸며진 방이지만 진정으로 흥미로운 것은 가구들이나 판유리 등의 장식이 아니라 중요 기사와 상장, 사진들로 가득 채워진 벽으로 이곳에서 일 하는 사람의 개인적이며 직업적인 면모를 그대로 나타내고 있다.
　카페트나 가구 집기, 휘장 등은 주문을 받아 실내 장식가가 설계한 것으로 특히 방음에 유의해서 꾸며져 있다. 그러나 조금만 관찰력이 있는 사람이라면 이 방에 들어서면 마치 고대 고분의 상형 문자를 연구하는 고고학자가 된 느낌을 갖게 될 것이다.

　인도주의자, 박애주의자로서 행한 숱한 일에 대한 감사와 그 유명한 '미국을 팔자.' 라는 연설과 공공봉사 활동에 대한 표창장 그리고 많은 도시와 주정부에서 명예로운 시민 정신을 선언한 서명들이 기록되어 있는 여러 가지의 상패들이 진열되어 있다.

　거기에는 달라스 카우보이 축구팀으로부터 받은 감사패와 부통령 시절의 제럴드 포드와 손을 잡고 찍은 사진, 노만 록웰이 그린 그와 그의 동업자의 스케치가 있는가 하면 그의 아내와 아이들에 둘러싸여 특유의 솔직하고 편안한 웃음을 짓고 있는 그의 가족 사진도 있다. 여기 있는 이 모든 것은 성공한 한 남자의 다양한 역사를 보여주고 있다. 그러나 이곳 벽에는 다른 어떤 상패나 트로피보다도 이 사람에 대한 많은 것을 말해주는 것이 하나 있다. 이것은 눈에 띄게 금색으로 간단하게 표구되어 있는 좌우명 액자이다. 디보스는 좌우명 몇 마디에 따라서 살아가는 사람은 아니지만 이 말을 좋아하고 이해하는 사람에게 오랜 세월 동안 전하는 바가 큰 말이다. 한번 읽어보자.

　세상에서 끈기를 대신할 것은 아무것도 없습니다. 재능도 끈기를 대신할 수 없습니다. 재능은 있지만 성공하지 못한 사람들을 우리는 쉽게 볼 수 있습니다. 천재성도 마찬가지입니다.

보답 받지 못하는 천재성이란 웃음거리에 지나지 않습니다. 교육만으로도 대신할 수 없습니다. 세상은 교육받지 못한 사람들로 가득하기 때문입니다. 인내와 굳은 각오만이 전능한 힘을 발휘할 수 있습니다.

120 BELIEVE!

●인내에 대한 믿음

　우리 아이들이 어렸을 적에 우리는 '무엇이든 할 수 있는 작은 기계'라는 동화책을 자주 읽어 주었다. 오랫동안 수천 명의 어린이들이 이 이야기를 듣고 그 동화가 무엇을 말하고 있는지 알게 되었을 것이다. 열심히 일하고 노력하면 반드시 보답을 받게 된다는 교훈이다.
　성공에 직결되는 가장 중요한 인간적 특성을 하나만 고르라고 한다면 나는 기꺼이 인내를 들겠다.
　70번을 넘어진 뒤에도 "자, 이번에는 71번째야."하면서 일어설 수 있는 끈기와 고집이야말로 가장 중요한 덕목일 것이다. 물론 대개의 사람들은 끈기와 외고집을 혼동하는 경향이 있다. 굳은 결심과 외고집을 동일한 것으로 생각하지만 그것은 결코 같은 것이 아니다. 어리석고 비능률적인 고집쟁이도 있다. 때때로 고집은, 현 상황이나 제 기능은 고려하지 않은 채 고집을 위한 고집이 되기도 한다.

 이와는 달리 인내란 하나의 목적이 수반되는 고집이라고 할 수 있다. 내적으로 하나의 목표를 가지고 있는 굳은 마음이다. 사전에는 인내란 '존재하고자 하는 의지 또는 행위'라고 정의하고 있다. 인내란 단순한 아집을 넘어서 시야에 보이는 목표를 쟁취하고자 하는 결심으로부터 생기는 것이다. 아집은 우연하고 맹목적인 성질로 인해 부정적인 것이며 인내는 한 사람의 삶을 결정짓는 판단에 기인하기 때문에 성공과 실패의 가능성을 점치는 중요한 인간적 특성이 되게 한다.

 나는 고등학교 시절 어려운 결정을 하고 그 결정을 밀고 나갔던 소중한 경험을 배운 적이 있다. 사립학교였던 그랜드 래피즈 기독교 고등학교 1학년 때의 일이다. 나는 그 학교가 사립학교였고 아버지가 어렵게 버신 돈을 나를 위해 쓰고 있다는 것에 대해서도 무관심했다. 그래서 여학생들의 꽁무니를 쫓아다니며 시간을 허비하는 게 학교 생활의 전부였다. 썩 모범적이지도 못하고 어쩔 수 없어 따라가기만 하는 정도의 학생이었다. 아니 그것도 잘 해내지 못했던 나였다. 그렇다고 낙제 점수나 받을 정도는 물론 아니었다.

 라틴어 과목 같은 경우 다시는 그 과목을 선택하지 않으리란 결심을 하고 간신히 낙제를 면한 적도 있었다.

 아버지는 1학년 때의 형편없는 성적에 걱정을 하시면서 이 상태로 계속 내가 여학생들 뒤나 쫓아 다니고 더 나은 생활을 할 수 없다면 사립학교에 학비를 계속 낼 수 없다고 말씀하셨다.

그 다음해 나는 공립학교로 전학을 했다. 그러나 나는 그 학교가 싫어서 3학년이 되었을 때 아버지께 그 전의 학교로 되돌아가고 싶다고 말했다. "그래! 네가 사립학교를 다니고 싶으면 네 스스로 학비를 벌어서 다녀야 한다." 아버지의 대답이었다. 당연한 말씀이었다. 공립학교를 계속 다닐 수도 있었지만 결국 사립학교를 택하기로 했다. 이 결정은 내 스스로 내린 것이었다. 그러나 그 비용을 어떻게 마련할까를 결정해야만 했다.

그 금액을 계산해본 뒤, 나는 주유소에서 일자리를 구하면 학비를 벌 수 있다는 결론을 얻을 수 있었다. 이 결론은 인내와 결심으로 계속 지탱해 나아가야 하는 내 인생 최초의 어마어마한 결정이었다. 돌이켜 생각해보면, 그 시절이 내가 성장하는 데 있어서 중요한 계기가 되었던 때였던 것 같다. 그때가 내 인생 처음으로 내가 선택해서 무엇인가를 결정했을 뿐만 아니라 내가 하고 싶은 바를 얻기 위해 내 스스로 그 댓가를 지불해야 된다는 자세로 그 결정을 추진하고자 했던 최초의 시도였던 것이다(그때 아버지는 내가 내린 판단에 성실하게 대처해 나가는 나를 보고는 결국 학비를 보내 주셨다).

인내를 발휘하기 위해서는 하나의 결정이 필요하다. 어떤 사람들은 하나의 결심을 할 능력이 있는지 조차 알려고 하지 않는다. 그 이유는 하나의 결정을 하기 위해서는 그들 스스로 마음을 가다듬어 밤잠을 설치면서 열심히 노력해야 한다는 것을 그들도 알고 있기 때문이다.

우리들 인생은 큰 결정보다는 오히려 사소한 일상의 의견들이 모이고 발전하여 운명을 좌우하게 된다. 대개의 사람들은 그들이 내린 가장 큰 일생일대의 결정은 바로 결혼 결정이었다고 말한다. 그 같은 말에 나는 웃음이 나올 수밖에 없다. 왜냐하면 결정을 하고서 결혼한 사람을 아직 나는 본 적이 없기 때문이다.

당신도 알다시피 그가 한 일이란 한 여자에게 외식을 하자고 말하는 것 정도의 사소한 결정을 했을 뿐이며 그러한 일이 반복되고 거기에서부터 일은 서서히 진행되어 결혼하고 가족을 거느리게 되고 직업을 갖게 되는 것 등등으로 이어져 온 것뿐이다.

사실상 또 하나의 큰 결정은 직업 선택일 것이다. 그러나 일반적으로, 결정을 하는 것이 아니고 그저 우연히 기회가 오면 손쉬운 것을 택하게 된다. 회사가 문을 열면 그 곳에서 일을 하고 그 뒤에는 그만둘 능력이 되지 못하면 그 일을 계속하는 정도인 것이다.

중요한 결정을 하는 데는 진정 용기가 필요하다. 주위를 살펴보아 사태의 맥을 짚어서 어렵고 중요한 하나의 결정이 이뤄지기 때문이다. 진정 의미 있는 목표를 더듬어 살펴보는 것이 유일한 방법이 된다.

영국의 위대한 작가 벤 존슨은 "노력하지 않고 쓴 글은 아무런 즐거움도 주지 못한다."고 말한 적이 있다. 결정도 마찬가지이다. 고통이나 각오없이, 희생이나 위험없이 쉽게 내린 결정은 열정이나 인내심이 따르지 않게 된다. 삶이란 언제나 늘, 불안하게 동요하는 것이며 세상사 또한 전에도 그랬듯이 끝없이 동요하는 것이다.

일단 중요한 목표를 찾아 그 목표를 추구할 결심이라면 그 다음 단계는 그 목표를 위해서 엄청난 노력이 요구된다는 것을 마음에 새기는 일일 것이다. 이러한 사실을 깊이 새기고 받아들여야 한다. 시작하기 전에 희생은 필수적인 것이라는 것을 마음에 새겨라.

우리 암웨이 사에서는 매년 수 천명의 직원들에게 네트워크 마케팅이라는 제 2의 직업을 개발하여 남보다 앞서 나갈 수 있는 기회가 있음을 역설한다. 그러나 우리는 결코 성공이 쉬운 것처럼 과장하지는 않는다.

출세를 위한 지름길을 찾고 있는 한 남자가 있다면 그 남자는 우리에게는 절대 불필요한 사람이다. 당신도 그 정도로 출세하고 싶고, 그 정도로 돈을 벌고 싶고, 그 정도에 맞는 휴가용 별장을 갖고 싶다면 하루 8시간 근무만으로는 절대로 가능하지 않다는 것을 명심해야 한다. 하루 8시간 이상 일하는 게 자신이 없다면 지금보다 더 나아질 생각은 아예 하지를 말라. 당신이 TV 시청을 좋아하고 꼭 그것을 해야 한다면 인생의 다른 목표는 잊어버리고 사는 게 좋다.

볼링이 인생의 즐거움이고 일주일에 3일은 볼링장에 있어야 한다면 지금 당신이 있는 그 곳에서 머물러 있어라. 이 모든 일이 당신에게는 소중한 의미가 있다고 한다면 어쩔 수 없다. 그러한 것들 자체는 나쁜 것이 아니기 때문이다.

그러나 만약, 당신이 그러한 일들에 너무 몰두한 나머지 항상 얘기하는 추구할 목표가 없다고 한다면 적어도 다른 동료들을 시샘하거나 불평을 늘어놓지만 말고 현재 당신의 모습에 만족해야만 한다.

어서 가서 당신의 빈 시간을 채워주는, 그러나 당신을 좀 더 나아지게 하지는 못하는 그 일을 계속하라. 그러나 당신보다 좀더 많은 것을 가진 다른 사람들을 욕하지는 말라.

목표를 찾아 실행에 옮길 수 있고 쉽게 해낼 수 있을 것 같다면 이제 남은 것은 인내심이다. 꾸준히 밀고 나가라. 언덕과 골짜기를 타고 넘어서 목표를 향해 나아가라. 당신을 가로막는 난관이나 장애물 때문에 낙담해서는 안 된다. 꾸준히 밀고 나가라. 그것만이 열쇠이다. 잠시도 목표에서 눈을 떼지 말라. 그렇게 해야만 당신을 가로막는 많은 핑계들에 귀를 기울이지 않게 된다.

내가 들었던 멋진 이야기 중에 13피트 반짜리 배로 대서양을 횡단한 로버트 맨레이 씨의 이야기가 있다.

만일 그가 횡단 여행을 떠나기 전에 내게 질문을 했더라면 나는 아마도 그런 위험한 일을 하지말고 집에 있으라고 말했을 것이다. 성공할 확률이 거의 없었기 때문이다. 여섯 번이나 그의 배는 전복되었다. 폭풍우에 떠내려가지 않게 하기 위해 그는 몸을 돛대에 묶고서 항해를 했다. 그는 무사히 횡단을 했고 그 때문에 그 분야에서는 일약 유명인이 되었다.

암웨이 사를 설립한 초창기에 밴 엔델과 내가 겪은 경험도 그 항해자의 경우와 비슷한 점이 있다. 만약 우리가 다른 사람들이 하는 말을 들었더라면 우리는 결코 그 일을 할 수 없었을 것이다. 초창기에도 우리가 지금의 암웨이 정도의 규모를 꿈꾸었었느냐를 질문 받았을 때 우리의 대답은 명확히 "아니오!"였다. 우리 둘 중 누구도 전체적이고 거창한 계획이라든가, 연간 100억 달러의 회사로 키우겠다는 꿈을 가지고 있지는 않았다. 회사 설립에 뛰어들 것을 결정했던 그 날 밤을 나는 결코 잊을 수 없다.

우리는 그때 캘빈 대학 학생으로 플로리다에서 크리스마스 휴가를 보내고 있었다. 작은 집 침대에 누워서 사업구상을 하고 있었다. 그 날 밤 우리는 결정을 내렸다. 말은 그만하고 행동으로 옮기자! 우리 스스로가 책임을 지고, 우리는 우리들 스스로 성공적인 사업을 하자는 간단한 목표를 세웠다. 우리는 목표를 성취하기 위해서 어떤 희생도 감수할 각오를 세웠고 참고 견디어 나갔다. 하나의 지점을 지나서는 다음 지점으로 향했다.

처음으로 백만 달러의 총 매출을 기록했을 때 우리는 다음의 100만 달러만을 생각했다.

우리가 세운 첫 빌딩이 포화 상태에 이르렀을 때 우리는 두 번째 빌딩을 세웠다. 점차 지금의 국제적인 암웨이 사의 모습이 실현되어 갔다. 훌륭한 계획이라든가 눈먼 행운 또는 진취적인 사업 진행 그 어느 것보다도 인내가 바로 그 열쇠가 되었다.

  미시건 주 랜싱에서 제이와 내가 큰 세일즈맨들의 모임을 가졌던 밤이 생각난다. 아주 오래 전 일이었지만 멋진 모임이었다. 우리는 라디오 방송에도 큰 광고를 냈고 신문에도 광고를 내었다. 우리는 하루 종일 사람들을 붙잡고 이야기를 했으며, 소책자를 나눠주기도 하고 큰 모임이 있을 때면 찾아다니곤 했다.

  그때 우리는 약 200석에 달하는 강당을 준비했었는데 그날 밤 두 사람만이 참석했다. 당신은 200석이나 되는 방에서 단지 두 사람을 상대로 세일즈를 할 수 있겠는가, 그 뒤 새벽 2시에 비싼 모텔 숙박비가 없어서 집으로 차를 몰았다. 그런 상황 속에서 밤이면 밤마다 둘 중 하나를 선택해야 하는 기로에 놓이곤 했다. 포기할 것인가, 계속할 것인가, 그러나 우리는 포기하지 않았다.

  우리는 지하실에서 사업을 시작했고 일은 계속되었다. 우리는 상품을 팔기 위해서 더 많은 사람을 만나야만 했다. 그래서 미팅 장소로 우리는 가로 60피트 세로 40피트의 차고를 샀다. 차고 주변에 있는 땅은 4에이커 중 절반만을 구입하고 나머지는 굳이 필요 없었지만 후일에 사용할 수도 있다는 판단으로 사 놓았다. 어쨌든 우리는 그 땅을 주차장으로 사용하기로 결정했다. 사업은 번창해갔다.
 우리는 우리의 상상력을 불러일으키는 것이라면 무엇이든 시도해 보았다. 효과가 있을 것 같으면, 모조리 판매 상품 목록에 집어 넣었다. 만일 그렇지 못할 때면 과감하게 치워버렸다. 숱한 시행착오가 있었다. 우리는 방사선 낙진 대피소마저도 팔 수 있는 상품으로 생각했다. 왜냐하면 땅을 파고 묻는 것처럼 재미있는 일은 없기 때문이었다. 배터리 첨가제 또는 배터리 응결제마저도 상품으로 생각하였다. 또한 전자 발생기도 취급하였다. 한동안 정수기를 팔기까지 하였다. 그러나 어느날 정수기 판매를 포기했다. 새벽 두 시경에 한 아줌마가 찾아와서는 그 기계에서 이상한 소리가 난다는 말을 하였다. 정말로 어려운 것이 판매였다.
 만일 내게 어떤 사람에게 성공을 보장할 수 있는 한 가지 특성을 줄 수 있는 권한이 주어진다면 나는 그에게 엄청난 지능이라든가 잘 단련된 신체를 주지는 않을 것이다. 또한 나는 그에게 유창한 화술이라든가 인기를 주지도 않을 것이며 육체적 매력이라든가 재능도 주지 않을 것이다. 나는 단지 그에게 목표를 향해 꾸준히 견뎌낼 수 있는 의지를 줄 것이다.
 나는 선박 여행을 좋아한다. 바다를 통해서 배우는 것이 많기 때문이다. 그 교훈 중의 하나는 폭풍이라고 해서 반드시 나쁜 것은 아니라는 것이다. 바람을 어떻게 이용할 것인가를 안다면 모든 바람이 다 좋은 바람이 되는 것이다.

어떠한 바람도 잘만 다루면 목적지에 쉽게 도달할 수가 있다. 살아가면서 역풍을 만날 때 기억할만한, 그런 가르침이다. 엘라 필러 윌콕스가 쓴 몇 줄의 시는 그 정곡을 찌르고 있다.

배들은 동과 서로 항해를 떠난다.
부는 바람은 언제나 같다.
우리가 가야할 길을 말해주는 것은
폭풍도 아니며
바로 펼쳐진 돛일 뿐
우리가 삶의 바다를 헤쳐나갈 때
바다에 부는 바람처럼
운명의 바람이 불어온다.
그때 우리의 목적지를 정해주는 것은
잔잔한 바다, 폭풍의 바다가 아니라
펼쳐진 영혼의 돛일 뿐

제 8 장

가족에 대한 믿음

  헬렌 디보스는 이동식 주택의 긴 의자에 앉아 바느질에 열중하면서 인터뷰에 응하고 있었다. 이 주택은 미시건를 오가며, 손님을 태워 나르는 움직이는 거실 같은 것이었다.
  "제로 인구 증가에 대해 어떻게 생각하냐구요? 저는 두 아이를 낳고 단산하는 것은, 원하는 사람에게는 필요한 일이라고 생각해요. 하지만 저는 아이를 넷을 낳았고 그것이 제게는 알맞은 숫자라고 생각해요. 다음 세대에 가서는 온 세계가 끔찍한 문제를 겪게 되리라는 당신의 말도 옳다고 생각해요. 그러나 바로 그러한 세상의 문제 때문에라도 아이를 낳아 길러 다른 사람을 도울 수 있도록 해야 한다고 생각합니다. 나는 우리 아이들이 자라서 그러한 문제를 풀어나갈 수 있으리라 생각해요."

리치 디보스는 어느 지방 방송의 오후 TV 쇼에서 인터뷰를 하고 있었다.

질문자: "디보스 씨, 당신은 대단히 가정적인 사람으로 알려져 있는데 그렇다면 당신 자신도 훌륭한 아버지라고 생각하고 있습니까?"

디보스: "그 질문은 내 아이들에게 물어 보면 알 수 있겠지요."

다른 시기, 다른 지역에서 이뤄진 두 가지 다른 질문에 대한 두 사람의 대답은 모두 디보스 부부의 확실한 가족관을 보여주고 있다.

한 가지 대답에서는 어머니로서의 확고한 신념과 가정이라는 최상의 산물에 대한 믿음, 그리고 자식 교육에 대한 꺼지지 않는 낙관주의를 살펴볼 수 있다. 또 하나의 대답에서는 부모의 품성을 판단하는 것은 결국 자녀들 자신들에게 달려 있다는 솔직함과 부드러움을 찾아볼 수 있다.

그들의 마음속에 있는 가족과의 긴밀한 유대감을 느낄 수 있다. 그 예로서 국회의사당에서의 수상식에도 대 가족이 함께 했으며, 가족 파티에는 조카들과 많은 친척들로 북적댈 뿐만 아니라 해외 출장에도 항상 자녀를 대동했지만 억지로 참석을 강요한 적은 한번도 없었다는 점이 이같은 가족간의 유대를 말해 주고 있다.

딕과 댄, 두 아들은 암웨이 사에 깊이 관여하고 있다. 어른들의 간섭 없이 네 아이들은 자선 기금을 조성하여 관리하고 있는데 이들은 다수결의 원칙에 따라 이를 행하고 있다.
  이밖에 이들 가족에 대한 숱한 인간적인 얘기들은 이들 부부의 가족에 대한 지극한 사랑을 더해 주는 예가 되고 있다.

134 BELIEVE!

⦿ 가족에 대한 믿음

　미국식 생활방식을 얘기할 때면 우리들에게는 국회나 군사력 또는 국가적인 행사를 치를 때의 멋진 분위기 등을 떠올린다. 사실상 미국 사회의 활력은 사회구조 자체에서 생긴 것이 아니라 우리들의 거실이라든가 응접실, 서재 또는 수천만의 평범하고 검소한 가정으로부터 비롯되는 것이다.
　우리들 생활방식에 중요한 영향을 미치는 사회 각계 각층의 단체들을 일일이 열거하기는 어려운 일이다. 그러나 숱한 단체 가운데 최고 상층부가 바로 가정이라고 단언할 수 있다. 다른 학교라든가 경제 단체, 정부, 심지어 종교 까지도 그 힘의 원천은 바로 가정과 가족인 것이다. 사회학자들은 우리가 지금껏 전통적으로 알고 있는 가족이라는 것은 금세기 말이 되면 마치 멸종된 공룡이라든가 파랑새처럼 사라져 버릴지 모른다고 말하고 있다. 나는 그렇게 생각지는 않는다. 내 생각으로는 가족이란 인간 생활의 기초가 되는 것이기 때문에 다른 어떤 형태의 것도 이를 대신할 수는 없는 것이라 믿고 있다. 그러나 갈수록 복잡해져 가는 문화 생활로 인해 우리들 가정에 심각한 압박감이 주어지고 있는가 하면, 한때 우리 모두에게는 신성 불가침의 장소였던 가정은 이미 그 모습을 잃어 가고 있다는 것을 인정할 수밖에 없다.

사회에서의 가정이라는 개념이 재확인되어야 할 때이다. 우리 모두가 부모로서의 기본적인 책임을 되찾아야 하며 가족을 굳게 믿음으로 해서 우리 자신의 가정이 바로 미래의 꿈을 키워낼 수 있는 인큐베이터가 되도록 질서를 정립하는 것이 필요한 시점인 것이다.

나의 조부모님은 네덜란드에서 이주해 와서 서부 미시건 주에 정착했다. 아주 어렸을 때, 우리 가족의 생활은 정말 편하고 따스한 것이었다. 때때로 싸움도 했지만 언제나 우리는 함께 했으며 늘 사랑이 넘쳐 있었다. 그 사랑은 말로 표현하기 어려운 그러한 것으로 어린 아이였던 나도 그 느낌을 알 수 있을 정도였다.

세일즈맨의 기질은 내가 어렸을 때 형성된 것이다. 할아버지는 옛날식의 소상인이었다. 할아버지는 매일 낡은 트럭을 타고 농부들의 농장에서 야채를 사가지고 와서 마을에 파는 그런 상인이었다. 할아버지가 팔고 남은 양파 같은 채소들을 팔아본 것이 나의 최초의 세일즈였다.

아버지는 전기 기사로서 전기 부속을 팔았다. 이처럼 세일즈는 우리 가계에 이어져 내려온 전통이 되었다. 아버지는 정말 훌륭한 사람으로 솔직하고, 평생을 통해 열심히 일해 온 근면성을 가진 분이었다. 그는 자신이 자영업을 하지 못했다는 것을 항상 가슴 아프게 생각하셨고, 내게는 꼭 그 일을 해볼 것을 권유했다. 이것은 젊은 시절 내게 중요한 동기를 부여해 주었다. 그는 아들이 어느 정도 성공한 것을 보시고 돌아가셨다. 암웨이 사가 가동되기 시작했던 1962년 아버지는 돌아 가셨다. 돌아가시기 전 아버지는 암웨이 사가 지금처럼 성공을 거두리라는 것을 믿으셨던 것 같다. 회사 발전의 기초적인 토대는 정직성과 공평성에 근거해야 한다고 말씀하셨다. 실제로 우리 회사 사람들은 암웨이 자체뿐만 아니라 암웨이가 상징하는 바를 믿고 따르게 되었으며 나 또한 그들을 존중한다.

 내가 이 같은 기억들을 얘기하는 이유는 우리의 삶을 형성하는 데 있어서 가정의 중요성을 강조하기 위한 것이다. 뒤돌아보면, 나의 가족이 나의 발전에 얼마나 중대한 역할을 하고 있는가를 깨닫게 된다.

 직업으로서 판매를 택한 것은 앞서 말한 낡은 그 트럭에서부터였다. 의지력에 대한 믿음 역시 아버지의 뒤를 쫓아다니면서 무한한 인간의 잠재력에 대해 하시던 말씀을 들으면서부터 생겼다.

 우리 사회의 많은 여러 단체들은 숱한 사람들로 구성되어 있다. 이들 구성원들은 다른 무엇보다도 우리들이 구성하고 있는 가정이 만들어낸 결과라고 하겠다. 내가 한 가정을 이룩한 과정을 더듬어 보면, 나는 네 아이의 아버지로서 또 다른 울타리 한편에 서 있음을 발견하게 되며, 이 엄청난 책임감에 엄숙해지기도 하고 때로는 황당해지기도 한다.

이 책임은 아버지나 어머니에게 똑같은 몫으로 지워지는 것이다. 그래서 이 두 사람 중 한 사람이라도 책임을 떠맡지 못하게 되면, 아버지는 범죄자 못지 않은 사람으로 변모할 수도 있다. 식탁에 빵을 공급해야 하는 책임이 있는 남자는 아내로서의 책임이 있는 여자보다도 더 가정이 요구하는 것 때문에 방황을 하게 된다.

'가족과 함께 할 시간이 없을 정도로 바쁘다면, 당신은 정말로 바쁜 사람이다' 라는 옛날 속담이 있다. 부모의 역할도 다른 사람에게 맡길 수 없는 많은 일들 가운데 포함된다.

가정을 위해 투자하는 시간을 대신할 수 있는 것은 아무 것도 없다. 가정에서 보낸 시간 속에서 가족의 구성원들은 진심으로 서로를 이해하게 되는 것이다. 암웨이 사에서는 주말이면, 모든 가장들을 가정으로 보내기 위해 노력한다. 어떤 회합도 일요일까지 연장시키지는 않는다.

"그렇게 가정을 생각하다 보면, 많은 수입이 줄어들지 않습니까?"라는 질문을 자주 받는다. 우리들에게 그런 문제는 불필요한 것이다. 우리에게는 '돈을 벌기 위해 가정을 희생해야 한다면, 그런 돈은 필요치 않다. 그럴 만큼 가치있는 일이 아니다' 라는 아주 간단 명료한 철학이 있기 때문이다.

어쩔 수 없이 많은 시간을 가정 밖에서 보낼 때가 많지만 일단 가정으로 돌아오면, 나는 대부분의 시간을 아이들을 위해 할애하며 그들이 원하는 일을 한다. 내가 알고 있는 사람 중 아버지 역을 최고로 가장 잘 해내는 사람은 우리 회사의 조종사이다. 그는 자주 집을 비워야 하지만, 일단 집에 돌아오게 되면, 그는 정말로 가정적인 사람이 된다. 그는 결코 밤을 세워 TV나 시청하는 그런 모습을 보인 적이 없다. 그는 언제나 아이들과 함께 한다.

가정을 위해 시간을 낼 수 없을 정도로 많은 시간과 노력이 요구되는 직업은 별로 없다. 가정을 망치는 것은 일이 아니라 주말마다 밖으로 나도는 것이나 귀가길에 마시는 술 등 항상 계속되는 판에 박힌 버릇들 때문인 것이다. 직업상 집을 비우는 일은 사실상 실패한 결혼이나 행복하지 못한 가정생활에 대한 핑계가 되고 있는 것이다.

가정을 지키는 것만이 유일한 출발점이 된다. 가정 내에서의 규율을 정하는 데 있어서 적정한 한계를 설정한다는 것은 더없이 힘든 일이라고 할 수 있다. 가정에서 지켜야 할 규율은 옛날과 크게 달라졌다.

자녀들을 그들 스스로 선택하고 결정하는 가장 올바른 방법으로 키우려 하는 노력을 해보긴 했다. 육아책에도 나오는 그런 방식은 그럴듯하게 보이지만, 실제 가정 생활에서는 그렇게 효과적으로 잘 행해지지 않는다.

내 경우에 있어서는 결과적으로 나는 더 권위주의적인 가장이 되고 말았다. 하나의 규칙이 정해지면, 그 규칙은 논란의 여지가 없게 된다. 아이들에게 이런 말을 하게 된다.

"규칙이 정해졌으니 그에 따라 생활해야 한다. 우리가 원하는 대로 만족하게 생활할 수도 있고 불만족스럽게 생활할 수도 있을 것이다. 그러나 어찌 됐든 규칙은 반드시 지켜야 한다."

이 같은 권위주의적 규칙을 인정시키기 위해 할 수 있는 요령은 중요한 사항과 그렇지 않은 점을 결정해 두는 것이다.

언제나 만사가 잘 되어 나가는 그런 가정은 없다. 우리 집에서도 가정 규칙에 대해 피할 수 없는 갈등들이 있다. 나는 그럴 때 그 주장에 대한 명확한 근거를 제시할 것을 주장한다. 아이들과 내가 서로 다른 관점으로 인해 갈등을 보이는 사항들 대부분은 문제삼을 꺼리조차 안 되는 것이 태반이다. 아이들 옷의 칼라 위로 몇 인치까지만 머리를 길러야 한다는 등의 문제가 바로 그 같은 사항에 속한다. 아이들이 입고 다니는 옷이 청소년기의 반항과 같은 갈등을 해결하기 위한 적절한 근거는 되지 않는다.

내가 단호한 행동을 보여야 할 때는 그 일이 진정 그럴만한 가치가 있을 때에 한한다.

암웨이 사는 가족을 하나의 기초단위로서 강조해왔다. 우리는 제품판매를 위해 가족들을 소집할 때도 남자 또는 여자를 구분해서 모으지 않는다. 초창기부터 우리들의 사업은 남편과 아내 심지어는 아이들까지도 다 함께 할 수 있는 일이 었다.

 제이 밴 앤델과 나는 처음부터 '우리가 하는 이 사업은 가족단위의 사업'이라고 명시했다. 또한 그렇게 해왔다.

 우리는 남편과 아내 어느 한 사람보다도 두 사람 모두가 신뢰할 수 있도록 함께 모집하는 방식을 택했다. 가족 개념이 확산됨에 따라 우리들은 가정에 대한 신념을 가지고 가족에 대한 유대 관계를 강화할 수 있는 일을 우리 사업에 포함시키려는 노력을 해왔다.

 그랜드 래피즈 지역에서 세일즈 세미나를 열기 위해 디스트리뷰터를 모집했을 때, 우리는 언제나 그렇듯이 부부를 함께 모집했다. 우리는 그들에게 실적향상을 위한 상으로써 여행을 시켜주기도 하였다.

 이러한 모임마저도 가족을 그 기본으로 한다. 처음으로 대규모 집회를 호텔에서 개최했을 때 그들은 그곳의 바텐더를 두 배로 늘려 잡았다. 큰 모임이 이곳에서 열린다며 이번 주말에는 술을 많이 팔게 될 것이라고 대부분의 사람들이 확신했던 것이다. 많은 사람들로 술집이 붐비게 될 것을 그들은 기대하고 있었다.

 그러나 첫날 술집은 하루 종일 텅 비었다. 그들은 믿을 수가 없었다. 그래서 이튿날 그들은 추가 투입했던 바텐더를 철수시키고 대신 커피 판매원을 두 배로 증가시켰다. 왜였을까? 그것은 암웨이 가족들은 술집에 둘러앉아 떠드는 것만을 위해 집밖에 나오는 그러한 부류의 사람들이 아니기 때문이다. 암웨이 가족들은 뭔가 함께 하고 서로서로 그 몫을 분담하여 회의 분위기를 만드는 것이다.

  자녀 교육에 대한 질문에 대해서 내가 할 수 있는 답변은 별로 없다. 실제 다른 가정의 자녀 교육에 대해 알 수 있는 사람도 없을 것이다. 아이들 중에는 자기 부모의 가치관을 받아들이고 왜 어떤 아이는 그렇지 못한가에 대해 나는 알 수 없다. 이 문제는 심리학자에게 맡겨야 할 문제인 것 같다.

  젊은 부모들이 가족을 어떻게 꾸려나가야 하는지를 물어올 때 내가 특별하게 해줄 수 있는 말이 없다. 그 방면에서 전문가가 아니기 때문이다. 그러나 나의 경우에 다른 아버지와 마찬가지로 매일같이 좋은 아버지가 되기 위해 최선을 다하고 있다는 점을 말할 수 있을 뿐이다. 그 이후는 기다리는 것만 남아있는 것이다.

  그러나 내가 강조하고자 하는 것은 화목한 가정이 없다면 우리가 갈망하고 추구하는 가치는 그 어떤 것도 지속될 수 없으며 따라서 지속시킬 만한 가치조차도 없게 되는 것이다. 화목한 가정은 부모들이 그 삶을 가정과 가정의 테두리 안에서 설계해야 된다는 믿음 없이는 결코 만들어질 수 없는 것이다.

제 9 장

하나님에 대한 믿음

　캐나다 몬트리올에서 리치 디보스는 이제 막 연설을 마쳤다. 예상 밖의 많은 군중들이 몰려와 호텔 연회장을 가득 메우고도 모자라 뒤에 서서 연설을 듣는 사람들도 많았다.
　디보스는 너무 열심히 연설을 한 탓에 다소 지친 채 연회장 밖의 로비에 앉았다. 연회장 안에서는 회의가 계속 진행되고 있었다. 그는 커피를 마시며, 회의장에 들어가기 전에 휴식을 취하고 있었다.
　이 때 한 중년 남자가 아주 조심스럽고 다소 죄송스러운 듯 디보스에게 다가왔다. 그는 작고 뚱뚱했으며 안경을 끼고 있었다. 평상시 멀리서 바라보기만 했던 사람을 이렇게 가까이서 보는 것에 다소 당황한 듯, 디보스 앞에서 그리 쑥스러운 표정을 지었다. 그러나 그는 할말이 있었고 그것을 디보스에게 전하기로 마음먹었다. 마치 커다란 짐을 내려놓듯이…

그는 불어를 구사하는 캐나다 인이었다. 그래서 불완전한 영어로 띄엄띄엄 얘기했다.

의사 전달이 잘 안되었다. 간신히 "안녕하세요, 와주셔서 감사합니다."라는 말을 하고 나서는 말을 잊은 듯 했다. 그러나 쉽게 포기하지 않았다. 그는 뭔가 할말이 있었고 그의 영어는 그 말을 전달할 수 있도록 해주지 않았지만 그는 말할 기회를 놓치고 싶지 않아 하는 것 같았다.

도저히 안되겠는지 그는 갑자기 디보스 옆에 앉아 쪽지를 꺼내 무엇인가를 써내려 갔다. 다 쓰고 난 후, 젖은 눈으로 디보스를 쳐다보며 아무 말 없이 그 쪽지를 건넸다.

"디보스 씨, 이제 당신 덕분에 사람들은 더 훌륭해질 것입니다."

디보스는 웃음 지으며 그를 부둥켜안으며 "감사합니다. 신의 축복이 있기 바랍니다."라고 말했다. 할 말을 다 끝낸 그 남자는 더 이상 아무런 말도 없이 회의장 안으로 사라졌다.

⊙하나님에 대한 믿음

　자유기업체제나, 인간의 존엄성, 책임 의식, 낙관적인 관념 그 외 다른 요소들을 믿는 것보다 더 강하게 믿는 또 하나가 있다.
　그것은 하나님과 그의 독생자 예수에 대한 믿음이며 또한 교회의 사명에 대한 것이다.
　물론 하나님에 대한 견해는 지극히 개인적인 문제이다. 하나님과의 관계 또한 모든 생활에서 가장 개인적인 문제일 수도 있다. 난 나의 종교적 믿음을 다른 사람의 생활 속에 억지로 끼워 넣으려 했던 적은 없다. 그러나 궁극적으로 인간은 자신이 마음 속으로 믿는 것을 공공연히 표명할 수는 있다. 독단성을 띠지 않은 상태에서 그가 살아가면서 중요하다고 느꼈던 믿음에 관해, 누구든지 들어주는 사람이 있다면 그와 공유하고 싶은 것뿐이다. 때때로 사람들이 암웨이는 기독교 단체냐고 물어온다. 난 확실하게 아니라고 대답한다. 암웨이에는 크리스천들이 많다. 그러나 암웨이 자체가 크리스천이 될 수는 없다.

사람만이 크리스천이 될 수 있으며 기독교 신앙은 개인 대 개인의 만남, 즉 한 개인과 하나님과의 일 대 일의 관계이다. 암웨이 조직을 이용하여 나의 개인적인 신앙을 다른 사람에게 떠넘기고 싶지도 않고, 반대로 복음을 내 사업을 활성화하는 데 사용하고 싶지도 않다. 그러나 나라는 사람과 기독교를 갈라놓을 수는 없다. 주일 날 교회 문을 나설 때면 나의 종교를 모자챙에 올려놓았다가 다시 다음 주에 교회 갈 때 꺼내고 할 수는 없는 일이다. 나는 교회에서나 내 일상 생활에서나 종교인이고 내 생활 어떤 부분에서도 하나님의 사도로서 양립될 수 없는 어떤 결정이나 지위를 가져본 적은 없었다.

나는 기독교 가정에서 자랄 수 있는 행운을 누렸고 어렸을 적 교회 의자에 앉아있던 기분을 알 수 있다. 고등학교 때 나는 기독교 신앙을 갖고 있던 친구와 믿음이 없던 친구 사이에 큰 차이가 있음을 알게 되었다. 나는 그때 분석해 본 적은 없었지만 기독교인들의 일반적인 분위기는 뭔가 다르다는 것을 알 수 있었다. 따뜻함이 있었고 목적 의식이 뚜렷했으며 기독교 신앙을 공유할 수 있는 사람들끼리의 깊은 유대감이 있었다. 또한 하나님을 사랑하고 그의 신앙을 받아들이는 사람과 그렇지 않은 사람도 있음을 알았다.

2차 대전시 군대를 제대하자마자 개신교에 합류했고 지금까지 개신교 신자로 생활하고 있다. 그러나 내가 전적으로 크리스천이기에 누리는 기쁨과 축복을 알게 된 것은 고작 요

몇 년 전부터였다. 여러 해 동안 나는 예배를 드리고, 헌금을 내는 전형적인 기독교인이었을 뿐, 종교가 내 하루 전부를 차지하지는 않았었다. 지난 몇 년간 내 아내와 나는 아내의 말을 빌자면 죽음의 문턱까지 가보았고 그것은 하나님이 그 안에서 우리들을 성장하게 했기에 하나님의 가르침을 쫓게 되는 기억에 남는 경험이 되었다.

어쨌든 회사 사장이 영적인 생활의 중요성에 대해 얘기하는 것이 사람들에게는 다소 의외인 듯하다. 대기업의 사장은 인정이 없고 돈벌이에만 관심이 있고 물질적인 것에만 집착해서 정신적인 것에는 전혀 관심을 보이지 않는다는 고정관념을 가지고 있다. 그러나 그것은 전혀 사실과 다르다. 돈 자체가 무의미하다는 것은 약간이라도 돈을 벌어보면 금방 알 수 있다. 가난한 사람은, 그에게 충분한 돈만 있으면 모든 문제는 사라질 것이라는 환상을 가지고 평생을 살아간다.

그러나 그가 재산을 얻게 되어서야 비로소 돈이 할 수 있는 일이 많지 않음을 알게 된다. 돈으로 마음의 평화를 살 수 없고 깨어져 버린 관계를 되돌릴 수 없다. 인생에 목적을 부여해 줄 수도 없다. 죄의식을 덜어주지도 못하고 마음 아파 고통받는 사람들에게 충고의 말을 해줄 수도 없다.

부를 가지고 있는 사람만큼 이것을 실지로 절실하게 느낄 수 있는 사람은 없다. 자신에게 솔직하다면 그는 그가 가진 물질적인 모든 것은 하나님에게서 온 것이며 하나님에 대한 믿음 속에서만이 이 돈도 행복을 가져다 줄 수 있음을 알고 있을 것이다.

　동시에 물질적인 것이라고 해서 모두 다 영적인 삶에 반하는 것은 아니다. 많은 사람들이 물질적인 것은 근본적으로 나쁜 것처럼 물질주의의 악폐에 대해 외치고 있다. 비논리적인 생각이다. 인간이 정신적인 것에 대한 관심 결여가 마치 이 물질주의 때문인 것처럼 속죄양을 만들어 버리는 것은 내겐 이해가 가지 않는다. 이 세상은 모두 물질로 되어 있다. 성경책도 물질이며 - 표지 내지 등 종이, 검은 잉크 - 목사도 물질로 된 옷을 입고 물질로 된 설교단에 서서 물질로 된 마이크를 통해 설교를 한다. 확실히 물질에는 아무런 잘못도 없다. 하나님이 창조하신 모든 것이 물질로 되어 있다. 성경에서 비난하고 있는 것은 물질에 대한 지나친 집착이다.

　물품들은 인간을 즐겁게 하기 위해 존재하는 것이라 믿는다. 하나님도 그에 반대하시지는 않는다. 성경은 우리에게 물질을 숭배하지 말라고 한다. 하지만 그것은 이 지구상의 과일이나 인간의 노동의 산물 등을 향유하지 말라는 것은 아니다. 하나님이 중요하게 생각하는 것은 사탄이 모든 물질적 부를 뺏아간 후에 그것을 욥에게 되돌려 주는 것이다. 욥은 하나님에게 성실했다. 하나님은 욥이 정신적인 축복 뿐 아니라, 그 성실한 믿음에 대한 댓가로써 물질적인 부도 누릴 수 있기를 원했다. 하나님이 물질적 부 자체를 악으로 보지 않는 것은 확실하다.

　물질적 부를 쫓는 것이 기독교인으로서 문제가 안 된다는 것을 말하고자 하는 것은 아니다. 틀림없이 돈은 인간과 하나님 사이에 끼여들게 되어 있다. 돈은 능력을 부여해 주고 하루하루 생활을 덜 피곤하게 이끌 수 있게 한다. 다른 사람들을 좌지우지 할 수 있게 하고 그가 살아가고 있는 조건들을 더 많이 지배할 수 있게 한다. 그리고 돈이 가져다 주는 권력에 눈이 멀어 그의 돈이 하나님에게서 온 것이라는 사실을 망각하게 되면, 그 능력은 타락하게 되는 것이다.

하나님이 이 모든 것을 소유하며 그의 뜻대로 주었다 뺏었다 할 수 있다는 사실을 망각한 채 자신만을 믿는 사람은 교만한 사람이 되어 간다. 인간이 이 물질적 축복을 제대로 유지하려면 인간으로 하여금 계속해서 이 모든 풍요로움이 하나님에게서 비롯됐다는 사실을 깨닫도록 하는 것이 최선의 방책이다. 때때로 나보다 더 똑똑하고 또 공적이 크고 재능이 더 많은 사람들을 생각하며 하나님에게 얘기한다.

"왜 내가 이런 일들을 해야 하는 것인가요? 다른 사람들도 있는데."

내 일을 멋지게 해치우고 내게 이익을 가져다준 수많은 작은 기적들을 생각해 보면 난 내가 가진 모든 것이 진정 하나님의 소유임을 알게 된다. 나는 그의 관리인일 뿐이다. 중요한 것은 하나님에 대한 신뢰를 유지하는 것이며 이것에서 겸손이 싹트게 된다. 그러나 신은 백만장자에게나 주급 150달러인 사람에게나 똑같은 관심을 가지고 대하신다. 부자는 그의 잉여물을 처리하는 방법에 대한 책임을 져야 할 것이 많다. 그러나 하나님은 순이익 명세서보다는 그의 마음상태에 더 관심이 있는 것이다. 그가 물질적으로 인간에게 축복을 내렸다면, 하나님은 한 개인의 안락 이상의 이유로 그렇게 하신 것이다. 그래서 부를 누리게 되는 사람은 그 더 큰 목적에 대한 책임을 받아들여야만 한다. 그가 소유한 것들을 사용하는 데 대한 책임을 묻는 하나님의 요구에서 벗어날 수는 없다.

우리가 이 땅에서 향유하고 있는 삶의 수준에 대해 일말의 죄책감도 느끼지 않는다고 얘기하면 그것은 거짓일 것이다. '편치 않다는 것'이 더 좋은 표현일 것이다. 이 말이 이상하게 느껴지지는 않을 것이다. 중산 계층의 모든 미국인들이 솔직하다면, 배고픔으로 굶어죽는 아이들과 1년에 80달러도 안되는 돈으로 살아가는 인도 빈민들, 아프리카의 기아, 또 이 사회에서도 도움을 필요로 하고 있는 사람들에 대해 생각하면 마음이 편안하지 않다는 것을 시인하게 된다. 확실히 좋은 집에 살며 편안한 차를 몰고, 하루 세끼를 꼬박 챙겨 먹을 수 있는 우리 모두는 이 세상의 더 많은 사람들이 겪고 있는 가난을 대했을 때는 마음이 편할 수가 없다.

그러나 가난한 사람은 가난한 다른 사람을 도와줄 수 없다는 것을 알아야 한다. 또 가난해진 국가가 가난한 다른 국가를 도와 자립할 수 있게 할 수는 없다. 이 세상에 빈곤이란 어제 오늘의 얘기가 아니며, 물질적 풍요로움을 누리고 있는 나라 사람들이 그 사실에 대해 정신적 죄의식에 빠진다고 해서 해결될 수 있는 문제도 아니다. 이 책을 읽는 거의 대부분의 사람들을 포함해서 생활 수준이 높은 사람들과 같이 난 그저 하나님께 감사하며 내가 소유한 것을 책임 있게 관리할 것(steward)만을 맹세할 뿐이다.

예수가 말씀하신 유명한 우화가 있다. 어떤 사람이 그의 하인에게 재능이라고 부르는 5장의 지폐를 주었고 다른 하인에게 1장을 주었다. 그는 5장을 받은 사람에게 그것을 재분배할 것을 요구하지 않았다. 그는 그 사람이 1달란트만 가진 사람들에게 자신의 달란트를 주는 것을 원하지 않았다. 대신, 그는 더 많이 가진 사람에게 그것을 잘 사용하여 늘려 더 많은 돈을 만들라고 요구했다.

1달란트 밖에 가지지 못한 하인은 그가 가진 것을 가지고 돈을 더 벌기 위한 모험을 감수할 수가 없어 구두쇠라는 죄를 범하게 되었다(마태복음 25절). 탐욕스럽고 교만해지는 것 외에 돈에 따라 붙는 또 다른 악은 다른 사람들을 희생시켜 부당하게 돈을 얻음으로써 생기게 되는 죄이다. 하나님은 어느 누구에게도 다른 사람들을 이용할 수 있을 정도로 부자가 되는 것을 원하지 않는다. 지난 세기와 1900년대 초반에 산업사회는 이 부분에선 아주 빵점이었다. 의심의 여지가 없다.

과거에는 실업가나 기업자들에 의해 노동자들을 혹사하는 일이 많이 있었다. 난 대기업을 지나치게 옹호하거나 폴리아니 같이 아주 낙천적인 입장을 표명하고 싶지는 않다.

그러나 그러한 학대는 오늘날에는 보기 드물다고 생각한다. 대다수의 사업가 또는 실업가들은 최저 가격으로 최상의 상품을 생산할 수 있기를 진심으로 원하고 있다. 그리고 그들의 종업원들이 보수를 제대로 받는 그런 행복한 근로자이기를 원한다. 대기업의 지도자들을, 노동자들과 일반 대중을 희생시켜 잔인하게 부를 긁어모으는 스크루지 같은 이미지로 혹은 피도 눈물도 없는 사람으로 그리고 싶지는 않다.

지난 세월 동안 탐욕과 술책으로 경영한 사업가는 성공하지 못했다. 어느 순간엔가 그의 모략과 시기 때문에 망하게 된다. 물론 예외가 없는 것은 아니다. 그러나 이 세상에는 선은 보상받고 악은 처벌받는 권선징악의 정의가 있다고 믿는다.

어느 청년이 종교적 믿음을 흐트러뜨리지 않고 비즈니스 세계에서 제 1인자가 될 수 있는가라고 물었다. 물론 될 수 있다. 그가 소유한 부와 다른 사람과의 관계에 대해 책임이 있음을 잊지 않고 있다면 하나님에 대한 사랑과 하나님의 자녀로서의 신앙 생활을 조금도 희생시키지 않고 사업에도 성공할 수 있게 된다. 이렇게 되면, 목사가 신학적인 지식으로 하나님의 나라에 큰 기여를 하게 되고, 또 선교사가 그의 의학기술로 기여하게 되는 것과 똑같이 경영 기술을 통해 하나님의 나라에 커다란 기여를 할 수 있게 되는 것이다.

이제 교회가 그 교회의 계획들을 지지하는 수천의 기업인 없이 과연 일을 해나갈 수 있는지 상상할 수 있겠는가? 신자는 없고 오직 목사들만 있는 그런 교회를 상상할 수 있겠는가? 불가능하다. 오해는 하지 않기 바란다. 교회와 교회가 하는 일을 무시하는 것은 아니다. 결함과 비평에도 불구하고 교회는 하나님의 나라와 이 나라에 꼭 필요한 기구이다. 여기서 말하고자 하는 취지는 교회가 교회의 일을 행하기 위해서는 열심히 일하고 아주 열렬한 수백만의 기독교인의 지원을 필요로 한다는 것이다.

교회는 죽었고 생명력이 없어졌다는 주장이 아무 근거가 없는 것은 아니다. 오래 전에 벌써 처음의 의욕을 잃어버리고 복음을 전하고 전도하는 과업을 포기해 버린 종교 단체는 수천 개나 된다. 그들은 친목 단체로 변해 전통을 지키고 단지 옳은 일을 하고 있다는 막연한 생각으로 무슨 일인가 하는 시늉을 하고 있다. 그것이 옳은 일이라는 막연한 생각만을 가진 채. 난 그것을 이해할 수 있다. 왜냐하면 몇 년 동안 내 아내와 나는 그런 경우를 똑같이 경험해 봤기 때문이다. 우리 종교는 일상적인 생활에 영향을 미치지 못했다. 길잃은 자들을 인도하거나 하나님의 말씀을 전하는 전도도 하지 않았다. 오늘날의 교회 중에서 많은 교회가 그러한 위치에 머뭇거리고 있는 것이다.

그런 사람들이 교회 신도석을 채울 때 교회는 복음을 전하는 것과는 거의 관련 없는 일들을 하게 된다. 교회의 본분은 복지 정책을 펴는 것도 아니며 정치 활동에 앞장서는 것도 사소한 신학적 문제들로 논란을 일삼는 것도 그리고 관련된

준 종교 활동을 하는 것도 아니다. 교회의 본분은 가능한 많은 사람들에게 효과적으로 복음을 전달하는 것이다.

사회와 관련된 일을 하는 것이 잘못됐다는 것은 아니다. 단지 교회가 해야 할 중요한 일에 속하지는 않는다는 것뿐이다. 교회의 자원은 한정되어 있다. 이 세계에 만연한 사회의 악을 해결할 수도 없다. 그러나 그런 일에 자주 연루되면 본연의 임무를 소홀히 하게 되고 수련 활동과 여러 프로그램들에 그 부족한 자원들을 나누게 되어 누가 그 회의 회장이 될 것 인가에만 관심을 쏟게 된다. 결국 하나님의 말씀을 모든 사람에게 전하는 본연의 임무를 제대로 수행하지 못하게 되는 결과를 초래한다. 교회가 복음 사업 조직에서 내부 문제 또는 관련 없는 논쟁과 시간을 보내기 위한 활동만 일삼는 조직체가 된다면 교회는 다른 조직에서 보여지는 것과 똑같은 전철을 밟게 된다. 몇 년 동안 나는 여러 조직에서 - 종교, 동료, 가정, 심지어 국가를 포함한 - 똑같은 변화가 되풀이되는 것도 보아왔다. 한 조직이 끊임없이 이에 대항해 나가지 않는다면 불가피하게 점점 그 활력을 소모하게 된다. 이러한 변화는 다음 4가지 단계를 거친다.

(1) 창조 단계 (2) 조직 단계
(3) 방어 단계 (4) 몰락 단계

첫 단계에서 누군가 강렬한 꿈과 아이디어를 실천에 옮기기 시작한다. 그것은 새생활을 다지며 시작된 새가정일 수도 있고 새로운 기독교인들로 구성된 교회일 수도 있다. 또한 독창적인 아이디어를 가진 기업체나 회사일 수도 있고, 새로운 정치 제도로 새로 세워진 국가일 수도 있다. 어떤 경우에든 무에서 자유를 창조한다는 것은 흥미 있는 모험이고 도전이다. 이 창조적인 설립 단계에서는 모든 사람의 모든 에너지가 더 크고 더 좋은 조직을 만드는 데 쏟아 부어진다.

두 번째 단계는 성장하고 진보하는 시기이다. 그 조직의 일원들은 조직을 설립하고 새로 만드는 데 쏟았던 시간과 에너지로 조직을 구성하고 경영하는 일에 쏟는다.

여기까지는 특별히 잘못된 것은 없다. 모두 중요하고 필요한 일이다. 사무실을 꾸미고 직원을 뽑고, 건물을 짓고 정관을 다듬고, 즉 커가는 조직은 잘 경영되어야 하는 것이다. 문제는 이 경영은 애초에 설립할 때에 일선에 섰던 사람에 의해 이루어진다는 것이다.

이 사업을 위한 새로운 고객을 창출해내는 일 또는 교회의 신도나 제품의 수요를 늘리는 일 등이 직원들에 의해 행해진다. 이 모임의 지도자는 이미 개발된 것을 경영하느라 바쁘기 때문에 이 일은 하청업자에게 넘겨진다.

세 번째 단계에서는, 처음의 관심과 목표가 점점 외부의 경쟁이나 침해로부터 그 조직의 이익을 보호하는 방향으로 흐르게 된다. 어느 조직이든 또 다른 경쟁 조직체와의 충돌이 생기게 되고, 그 조직체를 물리치고 이익을 얻으려 하게 된다. 그 조직은 가진 재산을 지키기에 급급하게 되며 차츰 기득권의 보호에 온 신경을 집중시켜, 투자를 해서 더 많이 벌어들이는 일은 생각지도 못하게 된다. 교회에서도 마찬가지이다. 모든 에너지는 '신도들 먹여 살리기', 현재의 신도들을 섬기고, 기존의 젊은 신도들을 계속 교회에 나오도록 하는 데에만 쓰여져 새로운 사람에게 전도하는 데 들일 시간적 여유가 없게 되는 것이다.

네 번째 단계는 그 그룹의 에너지가 내부로 돌려지는 시점이다. 이권을 나누는 데 서로가 싸우기 시작한다. 무에서 유를 창조해 내기 위해 겪었던 많은 어려움들을 잊어버리게 될 것이다. 그들 '독실한 신자들'은 항상 그 곳에 있을 것이며 돈이 여전히 무더기로 벌릴 것이라고 믿어, 모든 사람들은 더 큰 이권을 챙기기 위해 싸운다. 논쟁과 사소한 말싸움, 그리고 모든 사람들이 자기 자신의 관록을 내세우며 그 모임의 다른 사람보다 앞서기 위해 공연히 안달을 하는 단계에 이르게 된다. 이제 이 조직체는 썩어 부패하기 시작한다. 활기도 없고, 사명도 없다. 새로운 아이디어를 내는 사람은 아무도 없고, 새 신도를 데려오는 사람도 없다. 성장은 멈춘다. 파이가 쪼그라들 듯 사람들에겐 분배량이 줄어들고 싸움은 점점 원한 맺힌 듯 격렬해지고 드디어 이 조직은 엄청난 속도로 내리막길을 치닫기 시작한다.

이 내리막길에 대한 해결책은 무엇인가? 제 1단계로 다시 돌아가는 것이다. 어느 조직체나, 눈을 돌려 그 조직의 본래의 목적으로 돌아가게 되면, 새 사업을 시작하고 신도를 새로 늘리는 것에 그 조직의 관심을 돌려놓게 되면 그 급속한 몰락은 되돌릴 수 있게 된다. 교회 목사는 자신의 목회관에서 나와 직접 전도하는 일을 시작한다. 회사 중역들은 그들의 에너지를 영업력에 쏟아 붓기 위해 조직표를 작성한다. 어떤 변화인가가 생기기 시작한다. 성장 곡선이 다시 상승세를 타게 된다. 처음 단계로 돌아가게 되면 좋은 일들이 다시 한번 일어날 수 있게 된다.

내가 사도 바울을 그렇게 좋아하는 것도 다 이런 이유 때문이다. 그는 결코 첫 단계를 벗어나 본 적이 없다. 그는 그의 임무가 무엇인지, 가장 중요한 것이 무엇인지를 잊어 본 적이 없다. 그는 호랑이 같았다. 한번 일을 시작하면, 신경을 딴 데 쓰지도 혹은 늦추지도 않았다. 그는 행동가였다. 그가 감옥에 갇혔을 때, 그는 간수들에게도 복음을 전했다(사도행전 16). 배가 파선하여 조난 당할 뻔했었을 때도 그 해변에 복음이 울려 퍼지도록 했다(사도행전 27). 감옥에서 도마를 보고는, 주님에 관한 내용의 편지를 썼다(디모데서 2). 그는 똑같은 속도로 한 방향을 향해, 전속력으로 앞으로만 나아갔다. 우선 순위는 단 하나, 제 1 단계, 즉 처음의 목표였던 것이다.

교회가 이 세상에서 그 교회의 최우선의 역할에만 전력하게 된다면, 상상하기도 어려운 일이 벌어지게 될 것이다. 새로운 사람들에게 하나님의 나라와 교회로 끌어들이려는 본연의 목표로 돌아간다면, 그 외 다른 것들, 예를 들어 예산을 늘리고 사람들을 교육시키고, 가난한 자들을 돕는 것 등은 새롭고 활기찬 새 신도들의 엄청난 생명력에 의해 자연적으로 해결된다. 반드시 그렇게 된다. 교회를 움직이기 위한 최소한의 일들, 판에 박힌 일들 때문에 본연의 임무에서 이탈하게 될 때, 복음 운동의 제자리를 찾게 해줄 수 있는 것은 아무 것도 없다. 새롭게 하나님의 나라를 찾아 든 열성적인 신자들의 유입을 경험할 수 없게 된다. 새로운 신도들이 많이 찾아 들게 되면, 기존의 신도들 또한 새롭게 영감 받고 자극 받아 그들의 신앙생활을 재평가 해 보게 된다. 활기 없는 신도들은 잠에서 깨어나 다시 주님의 과업을 행하기 시작하고, 그 일은 추진력 있게 진행되어 나간다.

일을 제대로 궤도에 올려 놓게 하기 위해서는, 새로운 신자들이 모이게 하고, 자신의 구원자로서 예수 그리스도를 아직 영접하지 못한 사람들에게 복음을 전파하는 일에 박차를 가해야 한다.

주여, 처음 목표를 잊지 않는 사람이 되게 하소서!

하나님에 대한 믿음

160 BELIEVE!